Um-*Care*

Ina Praetorius
Uta Meier-Gräwe

Um-Care

Wie Sorgearbeit die Wirtschaft revolutioniert

Patmos Verlag

VERLAGSGRUPPE PATMOS

PATMOS
ESCHBACH
GRÜNEWALD
THORBECKE
SCHWABEN
VER SACRUM

Die Verlagsgruppe
mit Sinn für das Leben

Die Verlagsgruppe Patmos ist sich ihrer Verantwortung gegenüber unserer Umwelt bewusst. Wir folgen dem Prinzip der Nachhaltigkeit und streben den Einklang von wirtschaftlicher Entwicklung, sozialer Sicherheit und Erhaltung unserer natürlichen Lebensgrundlagen an. Näheres zur Nachhaltigkeitsstrategie der Verlagsgruppe Patmos auf unserer Website www.verlagsgruppe-patmos.de/nachhaltig-gut-leben

Hergestellt nach dem Cradle-to-Cradle Prinzip. Schützt unsere Umwelt und fördert eine abfallfreie Wirtschaft. Ausschließlich mit Ökostrom produziert, alle CO_2-Emissionen wurden kompensiert.

Verlagsgruppe Patmos in der Schwabenverlag AG, Ostfildern
www.verlagsgruppe-patmos.de

Umschlaggestaltung: Finken & Bumiller, Stuttgart
Satz: Schwabenverlag AG, Ostfildern
Druck: GGP Media GmbH, Pößneck
Hergestellt in Deutschland
ISBN 978-3-8436-1441-2

Inhalt

Dritter Teil
Anders sehen, anders sprechen

Vierter Teil
Handeln für eine gute Zukunft

Einleitung

Dieses Buch will auf unterhaltsame Weise Wissen vermitteln, Denkprozesse anregen und zum eigensinnigen Handeln einladen. Es enthält 61 Textbausteine, von denen wir hoffen, dass sie sich als nützlich auf der Großbaustelle Zukunft erweisen werden.

Im Zentrum unseres Nachdenkens steht die Frage, wie wir als Menschheit in unserem verletzlichen Lebensraum Welt wirtschaften wollen. Das Fremdwort für „Wirtschaft" heißt „Ökonomie". Wir gehen in diesem Buch von der Grundbedeutung dieses Begriffs aus. Er setzt sich aus zwei griechischen Wörtern zusammen: *oikos* und *nomos. Oikos* heißt Haus oder Haushalt, *nomos* heißt Gesetz oder Lehre. Die *Oiko-Nomia* ist also die Lehre vom zweckmäßigen Haushalten.

Seit jeher haben Haushalte die Aufgabe, alle Menschen, die im *Oikos* zusammenwohnen, mit dem Notwendigen zu versorgen. Entsprechend heißt es zum Beispiel bei Wikipedia:

„Wirtschaft oder Ökonomie ist die Gesamtheit aller Einrichtungen und Handlungen, die der planvollen Befriedigung der Bedürfnisse dienen."[1]

Laut der Entwicklungsorganisation *Oxfam* besaßen aber im Jahr 2017 acht Männer mehr als die ärmere Hälfte der Weltbevölkerung.[2] In den Jahren der Pandemie und im Krieg Russlands gegen die Ukraine sind die Oligarch*innen noch reicher geworden. Gleichzeitig leisten im Großhaushalt Welt Frauen und Mädchen täglich über zwölf Milliarden Stunden unbezahlte Arbeit.[3] Während Leute in abgeschotteten Büros Kriege planen oder mit sinnentleerten *Bullshit-Jobs*[4] viel Geld verdienen, geraten Ökosysteme aus den Fugen, auf die wir alle, und vor allem zukünftige Generationen, existentiell angewiesen sind.

Es steht nicht zum Besten mit dem Großhaushalt Welt.

Warum hängt der Welthaussegen so schief?

Ein wichtiger Grund ist, dass die Ökonomie – als Praxis und als Theorie – sich von ihrer selbstgesetzten Zweckbestimmung entfernt hat. Seit Jahrhunderten verwechselt sie das Erstrangige mit dem Unwichtigen: Die erste, wichtigste Frage sollte laut Definition heute sein, wie ungefähr acht Milliarden Menschenwürdeträger*innen im begrenzten und verletzlichen Lebensraum Erde gut zusammenleben können. Tatsächlich dreht sich das Wirtschaften aber programmatisch um Nebensächliches, nämlich um die Herstellung von Dingen, die oft nicht einmal nützlich, sondern überflüssig oder gar schädlich sind, wie Plastikverpackungen, Finanzprodukte oder Luxuslimousinen. Im Zentrum des Interesses steht nicht die Frage, was es braucht, damit alle genug haben, sondern was zahlungskräftige Leute sich leisten wollen. Irgendwie werde der Reichtum der Reichen dann schon nach „unten" durchsickern, versichert man uns.

Lebendige gutwillige Menschen haben deshalb oft das Gefühl, ratlos um eine weltumspannende Geld- und Warenmaschine herumzustehen. Sie müssen zusehen, wie wenige Leute immer mehr für sich beanspruchen. Die große Mehrheit der Menschen soll dieser sinnlos ratternden Maschine zudienen, indem sie möglichst reibungslos funktioniert, als bezahlte oder unbezahlte Arbeitskräfte und als willige Verbraucher*innen, die sich in beliebige „Konsumstimmungen" versetzen lassen. Wie es dabei dem Ökosystem Erde geht, scheint noch immer nur am Rande zu interessieren.

Zwar mehren sich die Anzeichen, dass die patriarchale und kapitalistische Ordnung, die diese eigenartigen Verhältnisse erzeugt hat, am Ende ist.[5] Das bedeutet aber nicht, dass wir mit Sicherheit demnächst in einem guten globalen Zusammenleben ankommen werden. Vorerst befinden wir uns in einem Zustand, den wir in diesem Buch „das postpatriarchale Durcheinander“[6] nennen.

Zum Glück kann man das *Durcheinander* auch in zwei Wörtern schreiben: *durch einander.* Dann deutet sich ein Entkommen aus der seltsamen Unordnung an: Durch einander, nicht auf Befehl oder durch vermeintlich unfehlbare Steuerungsmechanismen lernen wir, wie und wo sich Auswege aus der Erstarrung finden lassen. Markt, Staat oder autoritäre Obrigkeiten werden die Welt nicht in eine lebenswerte Ordnung bringen, wenn wir, die lebendigen 99 Prozent, nicht die Initiative ergreifen und Geschichte machen. Wir sind es, die ernsthaft fragen müssen, ob es wirklich eine „gute Nachricht der Woche“ ist, dass die Wirtschaft der Euroländer im ersten Quartal 2022 doppelt so schnell gewachsen ist wie vorausgesagt. Was ist hier mit „Wirtschaft“ gemeint?[7]

Den ersten Anstoß zu diesem Buch gab eine Anfrage an uns beide, für die deutsche Tageszeitung Handelsblatt Kolumnen zu schreiben. Von September 2020 bis August 2022 haben wir alle paar Wochen Zusammenhänge zwischen den an den Rand gedrängten Bereichen der Wirtschaft und den vermeintlich „höheren“ Sphären aus Geld, Gewinn und Geopolitik beleuchtet. Diesen Grundstock an Kolumnen haben wir durch weitere Texte ergänzt, die wir anderswo veröffentlicht oder für dieses Buch neu verfasst haben: Mal distanziert, mal zornig, mal verzweifelt oder auch belustigt bringen wir zur Sprache, was verkehrt läuft und wie es besser gehen könnte. Alle Texte haben wir für dieses Buch neu betitelt und gründlich überarbeitet, damit sie über den Tag hinaus aussagekräftig bleiben.

Wir wenden uns mit unseren Textbausteinen vor allem an Leute, die wenig Zeit zum Lesen haben, weil sie zum Beispiel mit *Home-Schooling* und *Home-Office* jonglieren, weil ihre Hirne und Herzen mit der *Mental Load*[8] der Haushaltsführung ausgelastet sind oder weil sie von alldem einfach zu erschöpft[9] sind, um sich dicke Wälzer zuzumuten. Man muss dieses Buch nicht von vorne bis hinten durchlesen, sondern kann nach Lust und Laune irgendwo anfangen, sich inspirieren lassen und wieder aufhören.

Allerdings sind die Texte nicht zufällig aneinandergereiht, sondern folgen einer gewissen Ordnung: Im ersten Teil entsorgen wir die Altlasten, die uns die patriarchalen Ökonomien hinterlassen haben. Dann erzählen wir von Begegnungen auf unseren Streifzügen kreuz und quer durch die Welten der Krawatten-, Schürzen- und Stilettoträger*innen. Im dritten Teil berichten wir über Versuche, die Welt neu zu sehen, zu benennen und zu ordnen. Am Schluss geht es um die Frage, wie wir in verschiedenen Bereichen unserer Gesellschaft konstruktiv handeln können: in Alltagsgesprächen und in der Politik, in den Medien, der Wissenschaft, dem Bildungswesen und darüber hinaus.

Trotz dieses Versuchs, die Vielfalt der Gesichtspunkte zu sortieren, bleibt unser Buch ein Durch/einander. Es lässt auch Überschneidungen, Doppelungen und Querbezüge zu, übrigens auch zu den Anmerkungen und zur Literaturliste am Ende des Buches, die zum Weiterlesen einladen. Und natürlich haben wir vieles nicht behandelt, das auch noch wichtig wäre. Wir freuen uns auf immer mehr Stimmen von immer mehr Leuten, die sich mit uns auf den Weg machen aus patriarchaler oder auch fratriarchaler[10] Erstarrung in fruchtbare Vielseitigkeit.

Eine gendergerechte Sprache ist uns sehr wichtig. Wir gehen in diesem Buch nicht nach einem bestimmten Schema mit ihr um, sondern schöpferisch und experimentell, sprich: so lebendig und durch/einander, wie sich uns die Debatte zu dieser zukunftsweisenden Frage derzeit darstellt.

Sich aus dem postpatriarchalen Durcheinander in eine lebensfreundlich organisierte Zukunft zu bewegen, ist nicht einfach. Es gibt keinen König*inweg, sondern viele Anfänge, die sich auf unvorhersehbare Weise verknüpfen werden. Am wirksamsten und gleichzeitig genüsslich ist politisches Handeln unserer Erfahrung nach dann, wenn alle tun, was sie am liebsten tun und was sie am besten können: Die eine filmt, der andere moderiert, einer betet, die andere schreibt das Schulbuch für unsere Enkelkinder, ein paar Leute entwickeln ein Kabarettprogramm, andere lassen sich in Parlamente wählen oder gründen eine *Tagewerkschaft*, wieder andere kennen nochmal andere, die sich mit *Fundraising* oder Buchhaltung auskennen ... So entsteht allmählich, was man gemeinhin eine „Bewegung“ nennt: viele Initiativen, die einander treffen in etwas Größerem, das uns Heutigen schon jetzt und unseren Kindern, Enkelinnen und Urenkeln in Zukunft Freude machen wird.

Eins ist sicher: Wir, die wir uns für eine *Care*-zentrierte Wirtschaft einsetzen, müssen uns mehr Gehör verschaffen. So wie zum Beispiel Brigitte Bührlen, die im Jahr 2010 als Einzelperson die *WIR!* Stiftung pflegender Angehöriger* gegründet hat. Ihr Manifest ist uns begegnet, nachdem der letzte Textbaustein für dieses Buch geschrieben war. Sie fragt: „Warum empören wir ... uns nicht ... im ganzen Land? (...) Wir müssen laut und deutlich in die Gesellschaft und Politik hineinrufen:

‚Wir schaffen das nicht!‘ (...) Warum durchbrechen wir nicht die Mauer des Schweigens und sagen laut und deutlich: ‚So, wie es ist, kann es nicht bleiben‘?“[11]

In diesen Chor können auch die vielen anderen engagierten und erschöpften Frauen* einstimmen, die tagein tagaus die überlebensnotwendige un- und unterbezahlte *Care*-Arbeit für Zusammenhalt und Frieden in unseren Gesellschaften leisten. Es braucht eine Wirtschaft und eine Politik, die nicht den Profit weniger, sondern das Wohlergehen aller in die Mitte stellen und so auch die planetaren Grenzen des verletzlichen und großzügigen Lebensraums Erde respektieren.

Mit unserem Buch wollen wir Ideen zu dieser Politik des guten Lebens für alle beisteuern.

Erster Teil
Altlasten entsorgen

Care-Krise und Klimakrise – zwei Seiten einer Medaille

Die Corona-Pandemie hat vielen Leuten ihre Verletzlichkeit aufgezeigt: Menschen sind Teil der Natur und hängen von ihr ab. Viele Epidemien zurückliegender Jahre schienen uns Europäer*innen noch weit weg. Doch seit „Corona" ist klar, dass sich Viren und Bakterien in einer globalisierten Welt nicht nur in den Slums so genannt unterentwickelter Länder verbreiten. Europa ist nicht länger eine Insel der Seligen.

Krankheitsentstehung im Neoliberalismus

Pandemien lassen sich deshalb auch nicht allein dadurch überwinden, dass sich alle an Hygiene- und Abstandsregeln halten und impfen lassen. Weil Pandemien eine Folge dessen sind, was viele immer noch als „entfesselte Wirtschaft"[12] loben, braucht es weitergehende Maßnahmen:

Die industrialisierte Landwirtschaft und mächtige Großkonzerne dringen immer weiter in die letzten Urwaldbestände des Planeten vor, Brandrodungen haben ein nie gekanntes Ausmaß erlangt. Deshalb springen Erreger aus vormals eingehegten Lebensräumen immer öfter auf Nutztiere und Menschen über. Durch beschleunigte globale Kapital- und Warenströme verbreiten sich solche Viren dann über den ganzen Erdball. Der Virologe Rob Wallace benennt die industrielle Landwirtschaft und die Öffnung der Ökosysteme für Großkonzerne als eine der wesentlichen Ursachen für Pandemien. Es könne deshalb nicht nur darum gehen, Ausbrüche zu stoppen, um dann weiterzumachen wie vorher. Vielmehr gelte es, die Wechselwirkungen von biologischen, sozialen und wirtschaftlichen Wirkkräften bei der Krankheitsentstehung zu verstehen.[13]

Ausschlüsse erkennen, in *Care* investieren

Immerhin gestand der deutsche Bundestagspräsident Wolfgang Schäuble in einem Interview mit der Klimaaktivistin Luisa Neubauer im Pandemieherbst 2020 ein: *„Wir haben es mit dem Kapitalismus übertrieben."*[14]

Es braucht jetzt eine Landwirtschaft, die unsere Lebensgrundlagen schützt und den Raubbau an Naturressourcen beendet. Die Logik der Kostenverschiebung in ein vermeintliches „Außen" der kapitalistischen Produktionsweise[15] rächt sich in Pandemien, wenn sich zum Schaden aller das Gesundheitswesen als zerbrechlich erweist, weil es sich zu oft an Renditen orientiert und damit nicht pandemiefest ist. Der SPD-Politiker Lars Klingbeil sagte Anfang Mai 2020, die Zeit sei reif, um über neue Wirtschaftsformen zu reden und in der Politik entsprechende Rahmenbedingungen zu schaffen: *„Muss es immer höher, schneller, weiter, noch globaler, noch mehr Profit, noch mehr Rendite sein? Oder kann wirtschaftliche Stärke und gesundes Wachstum stärker zum Wohle der gesamten Gesellschaft eingesetzt werden?"*[16]

Es braucht wirkmächtige Gipfeltreffen für eine umfassende *Care*-Politik, die die Regierungen jetzt einberufen müssten. Dabei kommt es darauf an, die eingespielte Dynamik der Kostenauslagerung in un- und unterbezahlte Bereiche des Wirtschaftens zu erkennen und offenzulegen, und dann Staatsfinanzen und Digitalisierungsgewinne dort einzusetzen, wo eine riesige ungedeckte Nachfrage besteht: im *Care*-Sektor. Statt weiter gedankenlos Regionalflughäfen, Massentierhaltung oder Aufrüstung zu subventionieren, müssen wir uns eingestehen: Ein Wirtschaftssystem, das seine Grundlagen verleugnet, ist buchstäblich bodenlos und gehört als Ganzes auf den Prüfstand. ■ **Uta Meier-Gräwe**

Inkompetenz mit Folgen

Ich kann sie schon nicht mehr zählen, die vielen Ökonomen, die mir gegenüber in den vergangenen Jahren freimütig bekannt haben, sie hätten keine Ahnung von dem, was sie „außermarktliche Wertschöpfung" nennen. Von links über liberal bis konservativ ein einziger Männerchor: Tut mir leid, aber ich habe mich mit dem Thema der unbezahlten Arbeit nicht beschäftigt.

Kein Zufall

Die meisten Wirtschaftswissenschaftler scheinen ihre Wissenslücken für zufällig zu halten. Nur einer schrieb mir, die Sache habe möglicherweise System. Manche verweisen auf andere Disziplinen: In der Haushaltswissenschaft und den *Gender Studies* werde doch bestimmt über unbezahlte Wertschöpfung nachgedacht und geforscht.

In vielen Ländern, zum Beispiel in der Schweiz, gibt es aber die Haushaltswissenschaft nicht auf Universitätsniveau. In Deutschland war sie als *Ökotrophologie* zwar einige Jahre lang höchst produktiv.[17] Im Vergleich zur Volks- und Betriebswirtschaftslehre ist sie aber nach etlichen Kürzungsrunden auch hier wieder stark unterbesetzt und unterdotiert. Und in der jungen Disziplin der *Gender Studies* fragen sich die Wissenschaftler*innen zu Recht, weshalb Forschung und Lehre zum größten Wirtschaftssektor ein Geschlechter-, gar ein „Frauenthema" sein sollten.

Zwar war die unbezahlte Haushaltsproduktion tatsächlich lange eine weibliche Domäne. Auch heute noch sind deutlich mehr Frauen als Männer in diesem Bereich tätig. Ökonominnen, deren mangelnde Vertretung im Wissenschaftsbetrieb ihrerseits mit der stillschweigenden Ausbeutung unbezahlter Arbeit zusammenhängt, könnten deshalb ein größeres Interesse an Forschung und Lehre zur *Care*-zentrierten Ökonomie haben als ihre männlichen Kollegen. Aber wer wollte es ihnen verübeln, wenn sie sich nicht hervortun wollen in einem Fachgebiet, das weder Reputation noch Forschungsgelder einbringt, für das als Frau sich zu engagieren vielmehr Vorurteile bestätigt und dem Risiko aussetzt, Kandidatin der nächsten akademischen Sparrunde zu werden? Die Leiterin einer Wirtschaftshochschule schrieb mir, es mangele ihr keineswegs an Relevanzempfinden, aber beim Thema *Care*-Arbeit bestünde kaum eine Chance, bei den entscheidenden Vergabestellen Forschungsgelder locker zu machen.

Fragwürdige Politikberatung

Ökonom*innen sind in der Politikberatung sehr gefragt. Politik ihrerseits bestimmt über das Leben vieler Menschen. Larry Summers, der ehemalige Chefökonom der Weltbank und Berater Barack Obamas, brachte es im Jahr 2000 auf den Begriff: „Was Ökonomen denken, sagen und tun, hat tiefgreifende Auswirkungen auf das Leben von buchstäblich Milliarden ihrer Mitbürgerinnen und Mitbürger.“[18] Beispielsweise haben Politikerinnen und Politiker erst mit viel Verspätung begriffen, dass man in einer Pandemie *Home-Office* und *Home-Schooling* nicht einfach zusammenlegen kann, weil man damit Eltern, vor allem Mütter, systematisch ins *Burnout* treibt. Solches Versagen hat einen Grund: Die Top-Politikberater*innen wissen nichts von „außermarktlicher Wertschöpfung“. Sie haben nicht mitbekommen, dass es ein fordernder Job ist, einen Haushalt zu organisieren und Kinder ins Erwachsenenleben zu begleiten. ■ Ina Praetorius

Ein seltsamer Deal: Erwerbsunterbrechung als Humankapitalverlust

Im Jahr 2014 rief der Bundesverband der berufstätigen Mütter in Deutschland (VBM e.V.) den *Equal Pension Day* ins Leben. Während der *Equal Pay Day* jedes Jahr im März darauf hinweist, dass eine Frau statistisch gesehen im Durchschnitt fast drei Monate länger arbeiten muss, um das gleiche Gehalt wie ein Mann zu verdienen, fiel der *Equal Pension Day* im Jahr 2016 in Deutschland auf den 4. August. Das Datum markiert den Tag, an dem Männer* bereits so viele Rentenansprüche erarbeitet haben wie Frauen* am Jahresende.

Noch hundert Jahre bis zu gleichen Renten

Im Nachbarland Österreich fiel dieser Tag im Jahr 2021 auf den 1. August. Im Vergleich zum Vorjahr hat sich der *Equal Pension Day* dort vom 31. Juli um einen Tag verschoben, womit sich die Situation ganz leicht verbessert hat. Das ist erfreulich, heißt aber auch, dass es bei diesem Tempo noch 107 Jahre dauert, bis gleiche Renten für die Geschlechter erreicht sind.

Dass Frauen in beiden Ländern durchschnittlich etwa vierzig Prozent weniger Altersrente beziehen als Männer, hat verschiedene Gründe: Die unbezahlte *Care*-Arbeit wird immer noch überwiegend von Frauen* übernommen, sodass Teilzeit-Jobs für Mütter mittlerweile fast zur Norm geworden sind, trotz ihrer guten Bildungsabschlüsse. Die bestehenden Sozialversicherungssysteme sind aber nach wie vor auf vollzeiterwerbstätige Personen ohne Lücken in der Erwerbsbiografie ausgerichtet und bestrafen jede Abweichung von dieser Norm. So erreichen am Ende Frauen durchschnittlich zehn Beitragsjahre weniger als Männer. Dazu kommt die

Lohnlücke, die zur Folge hat, dass die Bruttolöhne von Frauen im Durchschnitt immer noch um ungefähr achtzehn Prozent unter denen ihrer männlichen Kollegen liegen. Typische „Frauenjobs" werden zudem grundsätzlich schlechter bezahlt, obwohl sie spätestens seit der Corona-Pandemie als *systemrelevant*[19] erkannt sind.

Erwerbsunterbrechung als Humankapitalverlust

Die Mikroökonomie stuft Zeiten, in denen sich Menschen um Haushaltsproduktion und die zukünftige Generation kümmern, als „unterbrechungsbedingten Humankapitalverlust" ein. Die Lücke im Erwerbsleben, die als *unproduktive* Zeit erscheint, dient als Begründung dafür, das Einkommen beim beruflichen Wiedereinstieg abzusenken. Solche Sprachregelungen enthüllen, wie verzerrt die Realität dargestellt wird: Mütter, die Kinder gebären und nähren, ihnen das Laufen und Sprechen beibringen, die Bindungssicherheit aufbauen, Vertrauen einüben, die nächste Generation heranziehen und tagein, tagaus die Grundversorgung sicherstellen, werden in der geltenden ökonomischen Lehre als ein Verlust an Humankapital verbucht! Mehr verkehrte Welt ist kaum vorstellbar.

Der US-amerikanische Ökonom John Kenneth Galbraith hatte Recht mit seiner sarkastischen Einschätzung: Die im Übergang zur Industrialisierung vollzogene Verwandlung der Frauen in eine heimliche Dienerklasse des Mannes war *„eine ökonomische Leistung ersten Ranges"*.[20] Oder im Klartext: ein ungeheuerlicher Deal der Architekten der Nationalökonomie, den es aufzukündigen gilt. ■ **Uta Meier-Gräwe**

Aufstieg und Niedergang der Haushaltswissenschaften in der Bundesrepublik Deutschland

Zu Beginn der 1970er Jahre, in der Zeit der sozialliberalen Koalition aus SPD und FDP, gab es immerhin an fünf anerkannten Universitäten der Bundesrepublik Deutschland Lehrstühle der Haushaltswissenschaft. Sie waren finanziell und personell gut ausgestattet, sodass wenigstens einige der Leerstellen der marktfixierten Ökonomie hinterfragt werden konnten. Eine ganze Generation von Haushaltswissenschaftler*innen wurde hier ausgebildet.

Zeitbudget-Studien und Satellitensystem Haushaltsproduktion

Rosemarie von Schweitzer, Professorin für Haushaltswissenschaften an der Universität Gießen, entwickelte zum Beispiel mit ihrem Team das Forschungsdesign für die erste repräsentative Zeitbudget-Erhebung 1991/92. Das Statistische Bundesamt führte auf dieser Grundlage eine Studie durch: Sie ergab, dass private Haushalte für unbezahlte Arbeit 35 Prozent mehr Zeit aufwendeten als für Erwerbsarbeit. In den folgenden Jahren etablierte das Bundesamt das „Satellitensystem Haushaltsproduktion“ als Ergänzung zu den Volkswirtschaftlichen Gesamtrechnungen. Seinen Berechnungen zufolge lag im Jahr 2013 die Bruttowertschöpfung durch die privaten Haushalte mit 987 Milliarden Euro deutlich über derjenigen im produzierenden Gewerbe (769 Milliarden Euro). Und das, obwohl man die unbezahlte Arbeit nur mit einem Nettostundenlohn einer qualifizierten Hauswirtschafterin von 9,25 Euro bewertet hat.[21]

Abbau haushaltswissenschaftlicher Forschungsstrukturen

Mit der neoliberalen Kehrtwende in den 1990er Jahren setzte dann der schleichende Rückbau der haushaltswissenschaftlichen Professuren ein. Sie wurden zu Lehrstühlen der *Consumer Sciences* oder Verbrauchsforschung umgewidmet. Dadurch geriet die unbezahlte Arbeit in Privathaushalten wieder aus dem Blickfeld wissenschaftlicher Grundlagenforschung. Wolfgang A. Herrmann, der ehemalige Präsident der Technischen Universität München-Weihenstephan, begründete diesen Schritt lapidar damit, einen Kühlschrank zu öffnen und zu schließen, sei schließlich nicht nobelpreisverdächtig.

Dass es heute an qualifizierter Forschung und Lehre zur haushaltsbezogenen *Care*-Arbeit mangelt, liegt also auch daran, dass man etablierte universitäre Forschungs- und Lehrkapazitäten bewusst zerschlagen hat.

Antiquierte Lehrinhalte

Ich habe mir einmal angeschaut, wie Studierende der Volkswirtschaftslehre im Wintersemester 2021/22 an deutschen Universitäten die mikroökonomische Theorie des Haushalts gelernt haben. Das Beispielmaterial wirkt wie aus der Zeit gefallen, die Studierenden werden auf seltsam abgelegene Märkte entführt: Gartenzwerge müssen herhalten, um Marktgleichgewichte und Wohlfahrtseffekte zu analysieren. Anhand von fellbezogenen Lenkrädern für das Luxusauto Bugatti wird die Nachfragefunktion berechnet. Hingegen scheinen die Studierenden das „Satellitensystem Haushaltsproduktion“ in ihrer Ausbildung gar nicht erst kennenzulernen. Jedenfalls habe ich es im Lehrangebot nirgends entdeckt. ■

Uta Meier-Gräwe

Bullshit-Jobs

Gegen Tipps im Internet, in welchen Berufen Frauen am meisten Geld verdienen können, ist grundsätzlich nichts einzuwenden. Bei einem Blick auf die *Top Ten* der gut bezahlten Berufe wird allerdings schnell klar: Es handelt sich nicht um Professionen, die etwas mit verletzlichen Menschen und ihren Grundbedürfnissen zu tun haben.

Headhunterin, Immobilienmaklerin ...

Am meisten verdienen Frauen als Fondsmanagerin, Headhunterin, Firmenanwältin oder Immobilienmaklerin. Auch wer als Einkäuferin beliebige Güter bestellt und über Tausende von Kilometern bewegt, ist gut bezahlt.

David Graeber hat in seinem Buch „Bullshit-Jobs“[22] gezeigt, dass viele dieser *Top-Jobs* nicht nur überflüssig sind, sondern oft auch von den Menschen, die sie ausüben, insgeheim für verzichtbar gehalten werden. Sind die prestigeträchtigen Positionen womöglich gerade deshalb überbezahlt, weil der Frust vorprogrammiert ist? Lässt sich das Gefühl der Nutzlosigkeit mit Geld kompensieren?

In den einschlägigen Portalen wird allerdings betont, die *Top-Jobs* seien fordernd: Man müsse Druck aushalten können und mit langen Arbeitszeiten rechnen. Somit sind sie für Frauen mit Kindern faktisch nur dann geeignet, wenn das *Back-up-System* „Großmutter“ oder *Nannies* und Haushaltshilfen bereitstehen. Viele Männer hingegen haben immer noch eine Ehefrau, die sich ums traute Heim und die Erziehung der gemeinsamen Kinder kümmert. Dass die Gattinnen dafür ihre eigenen, aus Steuermitteln finanzierten, oft mit gutem Erfolg absolvierten Ausbildungen nicht nutzen oder ihre Berufstätigkeit unterbrechen, einschränken oder ganz aufgeben, wird Paaren durch das Ehegattensplitting und die Mitversicherung in der Krankenkasse des Familienvorstands versüßt: Je mehr er verdient, desto größer ist der Splittingvorteil, der allerdings auf *seinem* Konto landet. Das böse Erwachen kommt meist erst nach Trennung oder Scheidung.

Die tatsächlichen Leistungsträgerinnen

Andere Portale haben herausgefunden, dass es in der Kindererziehung und Altenpflege am wenigsten zu verdienen gibt, in den dringend benötigten so genannt „weiblichen" Berufen also. Für solche Lohnunterschiede, die jeder marktwirtschaftlichen Theorie widersprechen, gibt es historische Gründe, etwa die Ideologien, dass Frauen von Natur aus fürsorglich seien, oder die unausgesprochene Annahme, alle Frauen seien von Ehemännern versorgt. Statt solcher Vorurteile braucht es eine Debatte darüber, ob wir weiter damit leben wollen, dass dort am wenigsten bezahlt wird, wo die Nachfrage riesig und der Nutzen unbestreitbar ist.

Schon im Jahr 2009 kalkulierte die *New Economics Foundation* in einer Studie den gesellschaftlichen Nutzen verschiedener Berufe:[23] Während Banker*innen mit einem Jahresgehalt von 5 Millionen Pfund schätzungsweise 7 Pfund an gesellschaftlichem Wert pro verdientem Pfund zerstören, erbringt eine Reinigungskraft im Krankenhaus mit einem Jahreseinkommen von 13.000 Pfund etwa 10 Pfund an gesellschaftlichem Wert je verdientem Pfund. Der Zweite Gleichstellungsbericht der Bundesregierung hat schon im Jahr 2017 eine grundsätzliche Neubewertung der SAHGE-Berufe gefordert. SAHGE bedeutet: Soziale Arbeit, Hauswirtschaft und haushaltsnahe Dienste, Gesundheit, Pflege und Erziehung. ■

Uta Meier-Gräwe

Klempnerei oder Leitwissenschaft

Esther Duflo nahm am 10. Dezember 2019 als bisher jüngste Preisträgerin zusammen mit Abhijit Banerjee und Michael Kremer den Alfred-Nobel-Gedächtnispreis für Wirtschaftswissenschaften entgegen. Sie verglich ihre Arbeit mit dem Klempnerhandwerk. Die Aufgabe einer Klempnerin ist es, Rohre zu verlegen oder zu reparieren in Häusern, die andere, Architektinnen und Bauherren, entworfen haben. In einem Interview in der *Neuen Zürcher Zeitung* vom 23. September 2017 grenzte auch Abhijit Banerjee sein Handwerk ausdrücklich vom Pathos der Welterklärung ab:

„Ich mache, was ich gut kann, andere sollen anderes tun ... Es mag gut tönen, über große Dinge zu reden. Aber wenn man nichts Sinnvolles empfehlen kann, ist es langweilig.“[24]

„Große Dinge“ und die Arbeit am Detail

Es scheint, als habe die Schwedische Reichsbank im Jahr vor der pandemischen Erschütterung mit dem Alfred-Nobel-Gedächtnispreis Leute ehren wollen, die demonstrativ den Platz räumen, den die Wirtschaftswissenschaft seit mindestens einem Jahrhundert einnimmt: den der Leitwissenschaft. Über die „großen Dinge“ zu reden, zum Beispiel die Frage, wo wirkliche Wertschöpfung stattfindet, das scheint eine junge Generation von Ökonom*innen anderen überlassen zu wollen. Mit gründlicher Arbeit am Detail will sie bloß dazu beitragen, dass funktioniert, was andere erbaut haben.

Das hört sich nach Einsicht in die Begrenztheit der wirtschaftswissenschaftlichen Perspektive an, wirft aber eine gewichtige Folgefrage auf: Wer wird das Welt-Haus der Zukunft bauen, wenn die Leute, die lange alles besser wussten, sich zurückziehen?[25]

Wer baut das Menschheitshaus?

So könnte es gehen: Wir alle bestimmen demokratisch eine Versammlung, in der vielfältige Sachverstände mit der Begeisterung für eine gute Zukunft der Menschheit im verletzlichen Ökosystem Erde zusammentreffen. Pflegefachfrauen werden dabei sein, Hausmänner, Großmütter, Künstler, Politikerinnen, Juristen und, warum nicht, auch einige Ökonom*innen. In herkömmliche Hahnenkämpfe wird sich dieser Zukunftsrat nicht mehr verwickeln lassen. Denn wen kümmert's, ob wir das Bruttoinlandsprodukt abschaffen, ad absurdum führen oder zu einem *Wellbeing-Dashboard* ausbauen, wenn nur endlich globales Wohlergehen in die Mitte rückt? Klar ist doch sowieso, dass die Staaten, die Zivilgesellschaft, die Vereinten Nationen, die Unternehmen, die Konsumierenden, dass alle ihren Beitrag leisten werden. Vielleicht wird das stabile, durchlässige, wohnliche Welthaus *Ubuntu* heißen oder *Gondwana, Tawfekh* oder *Noflaye.*[26] Das sind Wörter aus afrikanischen Sprachen, mit denen der senegalesische Ökonom Felwine Sarr die Zielvorstellung des guten Zusammenlebens aller umschreibt.

Ob Duflo & Co allerdings wirklich gewillt sind, die „großen Dinge" Leuten zu überlassen, die nicht mehr sehen als Wachstumskurven, muss sich noch zeigen. Schon im Jahr 1930 verglich John Maynard Keynes die Wirtschaftswissenschaft mit der nützlichen Arbeit von Zahnärzten, die uns von Schmerzen befreien.[27] Diese Prophezeiung wird die Zunft der Ökonom*innen hoffentlich bald dazu bewegen, sich auf ihr Kerngeschäft der Bedürfnisbefriedigung zu besinnen und die Erklärung des Ganzen mit Menschen aus vielen anderen, vor allem aus den bisher an den Rand gedrängten Erfahrungsräumen zu teilen. ■

Ina Praetorius

Industrie und Technik sind nicht die Mitte der Ökonomie

Fast täglich äußern sich Entscheidungsträger*innen aus Politik, Wissenschaft und Wirtschaft zu den Folgen der Corona-Krise. Dabei überwiegt nach wie vor der Blick auf Industrie und Handwerk: CDU-Chef Friedrich Merz wartete schon im Frühjahr 2020 mit der Empfehlung auf, dem produktiven Gewerbe auch nach der Pandemie absoluten Vorrang einzuräumen. Dabei erlebten wir doch gerade, was wirklich wesentlich ist: nicht ein Überfluss an industriell hergestellten Dingen, sondern verlässliche Dienstleistungen.

Eine lange Tradition der Fixierung auf Industrie

Geradezu paradox mutete es an, dass nach dem ersten *Lockdown* die These des Freiburger Wirtschaftswissenschaftlers Bernd Raffelhüschen unwidersprochen blieb, wonach Sozialleistungen *„immer erst erwirtschaftet werden“* müssen, denn wir könnten *„nicht davon leben, dass wir uns gegenseitig umeinander kümmern“*, sondern davon, *„dass wir ... ökonomischen und technischen Fortschritt generieren“*[28]. Sagten unsere Erfahrungen in der Pandemie nicht gerade, dass fast alles heruntergefahren werden kann, nur nicht die Arbeit, die mit der unmittelbaren Sorge für das tägliche Leben zu tun hat? Also die Gesundheitsversorgung, die Betreuung von Kindern und hilfebedürftigen Menschen und die Sorge für die tägliche Nahrung und für Hygiene?

Die Industrie- und Technikfixierung hat in Deutschland und wohl auch anderswo eine lange Tradition: Im Jahr 1994 sagte Hans-Olaf Henkel, der damalige Präsident des Bundesverbands der Deutschen Industrie, dass wir nicht auf Dauer davon leben könnten, dass wir *„uns gegenseitig die Haare* *schneiden“*. Das hat zwar nie jemand behauptet, trotzdem griff der ehemalige Bundeskanzler Gerhard Schröder Henkels verunglückte Aussage im Bundeswahlkampf 2002 bei einer Veranstaltung im Opel-Werk auf, um die Vorrangstellung der Industrie zu betonen.

Anerkannte und verkannte Leistungsträger*innen[29]

Wer in Deutschland Autos oder Parkhäuser baut, gilt noch immer als vorbildlicher Leistungsträger und speist sein Selbstbewusstsein aus der Überzeugung, dass ohne ihn aller Wohlstand im Orkus versinken würde. Wer sich hingegen um pflegebedürftige Alte kümmert, Kindern das Schreiben beibringt oder Haare schneidet, den oder die beschleicht angesichts der gängigen Erzählung vom Vorrang der Warenproduktion schnell einmal das ungute Gefühl, er oder sie produziere eine Art sozialen Luxus, der freundlicherweise von Auto- und Parkhausbauern mitfinanziert wird.

Die Pandemie hat uns aber gelehrt, dass es sich umgekehrt verhält: Die nicht oder schlecht bezahlte *Care*-Arbeit in privaten Haushalten, im öffentlichen Dienst und in Unternehmen bildet das Fundament des Wirtschaftens.

Das allabendliche Klatschen von den Balkonen zu Beginn der Pandemie war ehrlich gemeint. Doch wenig hat sich seither über solche Symbolik hinaus verändert. Tatsächlich ist es überfällig, die Ökonomie von Grund auf neu zu denken: so, dass die wechselseitige Abhängigkeit von sorgenden und versorgenden Dienstleistungen und industrieller Produktion sichtbar wird. Und zwar auf Augenhöhe. *Care*-Gipfel auf Regierungsebene könnten Zeichen setzen und das notwendige Umdenken in Gang bringen. ■ **Uta Meier-Gräwe**

Schlecht bezahlte Berufe sind nicht „attraktiv“

In der Corona-Pandemie ist vielen Menschen klargeworden, dass die Gesundheitssysteme in den so genannt „reichen“ Staaten Mitteleuropas nicht so gut funktionieren, wie man es sich wünschen würde. Das hat Gründe, die weit vor der Pandemie liegen und mit ihr nichts zu tun haben:

Privatisierung, Kosteneffizienz, Standesdünkel

Schon seit Jahren werden nämlich die Einrichtungen der Daseinsvorsorge zunehmend privatisiert und auf Kosteneffizienz getrimmt. Seit Einführung der Fallpauschalen zu Beginn des Jahrtausends gilt es als erfolgreiches Geschäftsmodell, mit möglichst vielen Ärzt*innen möglichst viele Operationen durchzuführen. Die Pflege wurde dabei je länger je mehr als lästiger Kostenfaktor wahrgenommen. An fast allem wurde gespart: am Lohn, am Personalschlüssel, an der Gesundheitsförderung. Im Durchschnitt sind die Löhne von Pflegekräften selbst während der Pandemie trotz einer enormen Arbeitsverdichtung nur leicht gestiegen. Die Beschäftigten sind erschöpft. Tausende haben inzwischen ihren Beruf aufgegeben.

Die Ärzt*innenschaft entwickelte kaum Sensibilität für die sich verschlechternden Arbeitsbedingungen der Menschen, die den Krankenhausbetrieb konkret am Laufen halten. Ärztinnen und Ärzte sind in Deutschland Top-Verdiener*innen. Der Verdienstabstand zu den Pflegekräften ist größer als in den meisten anderen Ländern Europas. Standesdünkel und berufsständische Abgrenzungen funktionieren offenbar wie eh und je, obwohl jede Chirurgin und jeder Lungenspezialist im Klinikalltag auf Assistenz- und Pflegekräfte und ein professionell arbeitendes Reinigungsteam angewiesen ist.

In jeder Pandemiewelle zeigte sich deutlich, dass es mit mehr Intensivbetten und Beatmungsgeräten nicht getan ist; denn medizinisches Gerät ohne Personal, das mit ihm umzugehen versteht, nützt nichts. Bis 2035 tut sich in Deutschland eine Lücke von 300.000 Pflegekräften auf. Wie kann es unter so ungünstigen Rahmenbedingungen gelingen, Fachkräfte für Krankenhäuser und Pflegeeinrichtungen zu gewinnen?

Die gescheiterten „Ehrenpflegas"

Das Bundesfamilienministerium startete den Versuch, das Problem mit einer fünfteiligen Kurzfilmserie anzugehen, genannt „Ehrenpflegas". Für 700.000 Euro vergab man den Auftrag an die Produzenten des erfolgreichen Jugendfilms „Fack ju Göhte". So sollten Jugendliche mit „unkonventionellen Wegen der Ansprache" für eine Pflegefachkraft-Ausbildung begeistert werden. Das allerdings misslang: In einer Szene nimmt zum Beispiel der Protagonist Boris, der bereits drei Berufsausbildungen abgebrochen hat, einen neuen Anlauf in der Altenpflegeschule. Er versteht aber nicht, was eine „generalistische Pflegeausbildung" ist, und freut sich schließlich, dass darin das Wort „General" stecke, das *„voll geil ... nach Panzergeneral"* klinge. In einer anderen Szene lädt eine Mitschülerin Boris zu einer Fahrt in ihrem Cabrio ein. Seine Frage, ob sie das Auto ihrer Eltern ausgeliehen habe, beantwortet sie mit *„nö"*, sie habe es sich von ihrer Ausbildungsvergütung gekauft. Ein Hohn, wenn man über die Höhe der Ausbildungsvergütung Bescheid weiß!

Die Reaktionen auf die „Ehrenpflegas" waren vernichtend, im Netz und seitens der Pflegeverbände: teuer, peinlich, sexistisch! Das Ministerium reagierte kleinlaut mit der Aussage, jetzt werde wenigstens über die Pflege geredet ... ■

Uta Meier-Gräwe

Die Last im Kopf: Mental Load

Mütter in Paarbeziehungen und alleinerziehende Frauen schultern nicht nur durchschnittlich eine 40-Stunden-Woche unbezahlter *Care*-Arbeit samt siebzehn Stunden Erwerbsarbeit. Dazu kommt die unsichtbare Last der Verantwortung für die verlässliche Organisation alltäglicher Aufgaben. Diese *Mental Load* beschreibt das Lebensgefühl einer ganzen Generation von Frauen, die zusätzlich zur Haus- und Erwerbsarbeit an das Geburtstagsgeschenk, das Pausenbrot, den Arztbesuch denken und punktgenau herbeiorganisieren, was fürs Abendessen noch fehlt.

Während solche Managementaufgaben in der Berufswelt mitgedacht und gut bezahlt werden, scheint dieser Teil der *Care*-Arbeit nicht der Rede wert zu sein. Wer im Haushalt nur „mithilft“, indem er den Einkaufszettel im Supermarkt brav abarbeitet, leistet aber erwiesenermaßen weit weniger Arbeit, als wer den Einkaufszettel schreibt.[30]

Grenzen von Ratgeberliteratur

Inzwischen gibt es viel Ratgeberliteratur mit Tipps zum Umgang mit *Mental Load*, der Belastung im Kopf. Geteilte Verantwortung eröffne neue Perspektiven, schreibt etwa Patricia Cammarata in ihrem Bestseller „Raus aus der Mental Load-Falle“.[31] Der Dauerbelastung zu entkommen, so die Autorin, gelinge nicht durch Selbstoptimierung, sondern mit dem Mut, echte Partnerschaften einzugehen. Interessanterweise wurde das Buch eher Müttern als Vätern zur Lektüre empfohlen, obwohl ein männlicher Rezensent sogar darauf hinwies, weniger *Mental Load* für Frauen bedeute besseren Sex.

Fakt ist, dass die Überlastung der Mütter, die sich in der Corona-Pandemie nochmals verstärkt hat, nicht allein durch eine faire Verteilung von unbezahlter *Care*-Arbeit und der Verantwortung dafür innerhalb von Paarbeziehungen beendet wird. Zumal den vielen alleinerziehenden Müttern damit überhaupt nicht geholfen ist. Solange *Care*-Arbeit als „außerökonomische" Tätigkeit definiert und den Frauen ausdrücklich oder stillschweigend qua Geschlecht zugeschrieben wird, bleibt das grundsätzliche Dilemma der Unsichtbarkeit bestehen. Das hat Franziska Schutzbach in ihrem Buch „Die Erschöpfung der Frauen"[32] eindrücklich analysiert. Ohne ein *Care*-zentriertes Verständnis von Wirtschaft und das Eingeständnis, dass alle tagtäglich auf Fürsorge angewiesen sind, wird sich nichts ändern.

Eine Gefahr für die Demokratie

Zusätzlich bedenklich ist, was Forscher*innen kürzlich in Untersuchungen zur Corona-Pandemie herausgefunden haben:[33] Die *Mental Load* der unbezahlten *Care*-Arbeitenden hat nicht nur verheerende individuell-psychologische Folgen, sondern kann langfristig die Demokratie gefährden. In einer aktuellen Datenanalyse der Universität Bremen wird ein merklicher Vertrauensverlust in die Politik bei Menschen nachgewiesen, die *Care*-Arbeit leisten. Am stärksten äußert sich diese Entwicklung bei Müttern mit Kindern unter fünfzehn Jahren. Dieser Befund sollte politischen Entscheidungsträger*innen zu denken geben. ■ **Uta Meier-Gräwe**

In der Anerkennungsfalle

Es gibt gutsituierte Eltern, die es normal, sogar wünschenswert finden, dass die *Nannies* oder Kita-Angestellten, denen sie ihre Kinder zur Betreuung anvertrauen, vergleichsweise wenig Geld verdienen. Solche Eltern sind nicht unbedingt geizig, sie wollen den Nachwuchs einfach in guten Händen wissen. „Gute Hände“, das sind in diesem Fall Hände von Frauen, die nicht aus Eigeninteresse, sondern aus Liebe handeln. Was man sich für die Kleinen wünscht, ist also ein Umfeld, in dem Idealismus statt Berechnung die Umgangsformen bestimmt.

Folgenlose moralische Hochachtung

Der Soziologe Stephan Voswinkel nennt das Dilemma, in das im postpatriarchalen Durcheinander nicht nur Kinderbetreuerinnen, sondern tendenziell alle Berufsleute im personenbezogenen Dienstleistungssektor geraten, eine „Anerkennungsfalle“[34]. Beispielhaft dafür ist der schon fast sprichwörtliche Applaus von den Balkonen, mit dem viele Menschen zu Beginn der Corona-Pandemie ihre moralische Hochachtung für das Pflegepersonal zum Ausdruck brachten. Auch diese symbolische Respektbekundung ging oft gerade nicht einher mit Forderungen nach höheren Löhnen für die Pflegenden. Im Gegenteil: Wenn *Care*-Arbeitende Ansprüche stellten, wurden sie immer wieder mit der Erwartungshaltung konfrontiert, sie sollten, wie die *Nannies* in den Kinderstuben der Reichen, ihre Arbeit weiterhin in der Tradition hingebungsvoller Mütterlichkeit als „Liebesdienst“ verstehen.

Liebesdienste zeichnen sich dadurch aus, dass sie ein Gegengewicht zum „feindlichen Leben“ hart berechneter

Eigeninteressen bilden. Sie sollen das strenge Regelwerk der „eigentlichen“ Wirtschaft mit dem lebensnotwendigen Stoff erfüllen, den man „Liebe“ oder „Sinn“ nennt. *Care*-Arbeiter*innen, die Lohnforderungen stellen, laufen deshalb Gefahr, die moralische Hochachtung zu verlieren, die auf ihrer vermeintlich unbezahlbaren Funktion als mütterlich-mitmenschliche Sinnstifter*innen beruht. Deshalb verzichten viele von ihnen lieber auf die Klarstellung und Durchsetzung ihrer eigenen Interessen. Die Falle schnappt zu: Armut, vor allem im Alter, ist programmiert.

Care als Kriterium für alles, was wir tun

Stephan Voswinkel sieht die Lösung des Dilemmas in einer Form von Interessenvertretung, die nicht nur auf die Besserstellung der *Care*-Arbeitenden setzt, sondern auch die Bedürfnisse der betreuten Kinder, Alten oder Kranken einbezieht, die also betont, dass nur gute Arbeitsbedingungen für Betreuende langfristig gute Betreuung sichern. Das ist eine lebensfreundliche Idee, die zukunftsweisende Entwicklungen in Gang setzen könnte: Was wäre, wenn auch die gutsituierten Eltern, die ihr Geld zum Beispiel mit der Konstruktion von Autobahnen, Digitalisierungsprozessen oder Waffen verdienen, sich mit dem Anspruch konfrontiert sehen würden, in ihrer beruflichen Arbeit so achtsam zu handeln, wie sie es von den *Nannies* und Großmüttern erwarten, die ihre Kinder betreuen? Wenn also *Care* zu einem Maßstab würde für *alles*, was Menschen tun?[35] ■ Ina Praetorius

Globale Sorgeketten

Sie reisen in Bussen von Bydgoszcz nach Bochum, von Dvorniky nach Zermatt, von Silistraru nach Klagenfurt. Viele sind von Beruf Lehrerinnen, Mütter oder Juristinnen. In Bochum, Zermatt und Klagenfurt arbeiten sie aber als *Live-in-Carers*: 24 Stunden pro Tag betreuen sie gebrechliche Menschen, deren Angehörige womöglich selbst die Sorgearbeit leisten würden, hätten sie Zeit dafür. Alle sind aber in Erwerbstätigkeit eingespannt und haben sich deshalb bei einer Agentur ein Sorgepaket gekauft: Rund-um-die-Uhr-Betreuung plus Qualitätsvisite und Mediation im Konfliktfall. „Altenbetreuung mit Herz: liebevoll und professionell" heißt es im Prospekt.

Prekäre Arbeitsbedingungen

Wissenschaftler*innen nennen es *Care Drain* und sprechen von „globalen Sorgeketten".[36] Der gängigen Meinung, es handle sich bei den transnationalen Arrangements um *Win-Win*-Situationen, da die migrierenden Frauen Lohnunterschiede zwischen Sende- und Ankunftsländern für sich und ihre Familien nutzen könnten, widersprechen sie: Zum einen entstehen durch die *Care*-Migration Sorgelücken in den Herkunftsländern; diese Lücken müssen wiederum durch andere Dienstleister*innen, oft Gratisarbeitskräfte aus dem familiären Umfeld, gefüllt werden. Gleichzeitig entziehen sich die wohlhabenden Empfängerländer der Aufgabe, innerhalb der eigenen Grenzen tragfähige *Care*-Lösungen zu entwickeln. Zum anderen lässt sich das Versprechen einer guten Langzeitbetreuung nicht einlösen; denn die Verhältnisse sind strukturell von Ungleichheit geprägt, für die Betreuer*innen entstehen prekäre Arbeitsbedingungen:

durch Fremdbestimmung, Isolation und verschwimmende Grenzen zwischen Job und Privatsphäre. Was als nahezu perfekter Ersatz für die traditionelle innerfamiliäre Betreuung durch Ehefrauen oder Töchter angepriesen wird, erweist sich, wie diese, als Ausbeutungsverhältnis. Christa Wichterich nennt es „Sorgeextraktivismus“[37].

Was fehlt, ist der politische Wille

Erst seit dem Fall des Eisernen Vorhangs 1989 und der Freizügigkeit innerhalb des gesamteuropäischen Arbeitsmarkts 2004 können Migrant*innen aus den ehemals sozialistischen Ländern oder dem europäischen Süden ihre Arbeitskraft in reicheren Volkswirtschaften auf Billiglohnniveau anbieten. Das Phänomen ist also relativ neu. Es wirft, bei allem Bemühen um arbeitsrechtliche Regulierung und individuelle Lebbarkeit, ein ungünstiges Licht auf den Stand der *Care*-Ökonomie. Bessere Ideen sind nämlich durchaus in Sicht.[38] Was vorerst fehlt, ist der politische Wille, anstelle der veralteten patriarchalen Familienordnung neue, belastbare Strukturen zu schaffen, in denen Menschen aller Geschlechter und Zugehörigkeiten in Gerechtigkeit und Sicherheit füreinander sorgen. ■

Ina Praetorius

Pflege in der Familie

Pflegende Angehörige werden von der Politik in Sonntagsreden gern als „Pflegedienst Nr. 1" gelobt. Von den insgesamt 4,1 Millionen pflegebedürftigen Menschen in Deutschland werden 80 Prozent zuhause betreut.

Überlastet und unsichtbar

Dabei geraten viele der Pflegenden an die Grenzen ihrer Belastbarkeit und kämpfen mit bürokratischen Hürden. In der Corona-Pandemie war aber von ihnen weit weniger zu erfahren als vom Pflegepersonal in Krankenhäusern und Altenheimen. Selbst über die Probleme berufstätiger Mütter wurde öfter berichtet als über Menschen, die gebrechliche Angehörige oder Menschen mit Behinderungen zuhause pflegen. Ihre Arbeit wird noch immer als selbstverständlich vorausgesetzt und bis heute de facto als „Ehrenamt" behandelt.

Zwei Drittel der pflegenden Angehörigen sind Frauen im Alter zwischen 45 und 60 Jahren. Sie sind häufig nur in kleiner Teilzeit erwerbstätig oder haben ihren Beruf ganz aufgeben müssen. Viele bleiben zeitlebens abhängig vom Ehemann oder sind auf Grundsicherung im Alter angewiesen. Die Erhöhung der Pflegesachleistungen im Zuge der deutschen Pflegereform im Jahr 2022 haben viele als unzureichend wahrgenommen.

Eine Studie der Universität Bielefeld[39] ergab, dass Frauen von ihren Familien oft erheblich unter Druck gesetzt werden, die Pflege zu übernehmen. Dahinter steht oft die Angst der alten Eltern, „abgeschoben" zu werden. Und weil viele Mütter schon als Betreuerinnen von Kindern über Jahre in Teilzeit oder auf Minijob-Basis erwerbstätig waren, erscheint es zusätzlich als „vernünftig“, dass die Tochter, sobald ihre Kinder erwachsen sind, auch noch die Pflege der alternden Eltern übernimmt.

Von der familienbasierten zur servicebasierten Pflege

Das familienbasierte Pflegesystem muss zu einem servicebasierten System umgeformt werden. Denn weiter auf das Potenzial der Töchter zu setzen, ist schon aus demografischen Gründen unrealistisch. Bis 2050 werden 30 Prozent weniger potenzielle Pflegepersonen bereitstehen, und den Frauen wird immer mehr bewusst, dass sie für ihren Lebensunterhalt und ihre Alterssicherung selbst verantwortlich sind. Sie werden also voraussichtlich immer stärker erwerbstätig und damit kaum mehr bereit sein, über nicht planbare Zeiträume hinweg Angehörige zu pflegen. Es braucht deshalb staatlich geregelte Rahmenbedingungen, die es ermöglichen, das Recht zu pflegen wie auch das Recht, nicht zu pflegen, in Würde zu leben. Dafür muss häusliche Pflege sichtbar und als notwendige Arbeit anerkannt werden. Es braucht ein öffentlich finanziertes, geschlechtergerechtes System ambulanter und stationärer Einrichtungen und innovative Wohnformen. *Care*-Arbeit für Pflegebedürftige darf im Vergleich zur Sorgearbeit für Kinder in der gesetzlichen Rentenversicherung nicht abgewertet werden. Auch Nichterwerbstätige und Pflegende, die das Rentenalter bereits erreicht haben, müssen Pflegezeiten auf ihre Rentenansprüche anrechnen können. Und schließlich werden auch Unternehmen die Bedürfnisse von pflegenden Angehörigen in Zukunft im Rahmen ihrer Personalpolitik angemessen berücksichtigen müssen. ■

Uta Meier-Gräwe

Eine Welt voller überflüssiger Produkte

Mein Smartphone versucht täglich, mich zum Kauf von Klamotten, Schokolade, Traumautos oder Wohnaccessoires in allen Farben zu animieren, obwohl ich das meiste davon einfach nicht brauche. Ohne Bücher kann ich zwar tatsächlich nicht gut leben, aber was soll ich mit einer digitalen Bibliothek von über 300.000 E-Books und 10.000 Hörbüchern, die mir für 19,99 Euro pro Monat einen unbegrenzten Lese- und Hörgenuss verspricht?

Vor allem im Internet werden Produkte im Überfluss angeboten. Weniger großzügig ist das Angebot, wenn meine alleinerziehende Freundin nach einer verlässlichen Kinderbetreuung für ihre kleine Tochter in den Morgenstunden sucht, damit sie selbst pünktlich ihren Dienst als Pflegefachfrau antreten kann. Oder wenn sich unser Nachbar seit Monaten verzweifelt um einen Platz im Pflegeheim für seine an Demenz erkrankte Frau bemüht. Oder wenn das Paar von nebenan mit zwei kleinen Kindern wieder einmal händeringend nach einer vertrauenswürdigen Haushaltshilfe Ausschau hält.

Eine große Zukunft für den Dienstleistungssektor?

Es war der französische Ökonom Jean Fourastié (1907–1990), der dem Dienstleistungssektor eine große Zukunft voraussagte; denn dort gebe es eine hohe Nachfrage und keine Marktsättigung und unerlässlich seien Dienstleistungen auch für die Herstellung von Agrar- und Industrieprodukten.

In der Tat gibt es heute einen stetig steigenden Bedarf an personen- und sachbezogenen Dienstleistungen im Beherbergungs- und Gastronomiegewerbe, in den Gesundheits-, Erziehungs-, Sozial- und Pflegeberufen und in der

Hauswirtschaft. Der *Care*-Sektor wird im Jahr 2030 den mit Abstand größten Berufsbereich ausmachen. Wie katastrophal unterfinanziert viele der überwiegend von Frauen ausgeübten systemrelevanten Berufe allerdings sind, hat die Corona-Pandemie einer breiten Öffentlichkeit stärker als je zuvor ins Bewusstsein gerufen. So zeichnen sich Pflegeberufe oder der Einzelhandel, die ja nicht nur in *Lockdowns*, sondern immer „den Laden am Laufen halten", seit Jahren durch Arbeitsverdichtung, Überlastung, Personalmangel und Niedriglöhne aus.

Raus aus der Dienstleistungswüste

Jetzt rächt sich, dass man den Dienstleistungssektor hierzulande vor allem über eine Absenkung der Arbeitskosten ausgeweitet hat. Oft berief man sich dabei auf den amerikanischen Ökonomen William J. Baumol (1922–2017), der dem *Care*-Sektor eine „Kostenkrankheit"[40] zuschrieb und ihn als „stagnierend" und unterdurchschnittlich produktiv wertete. Mit diesem Denkansatz, der personennahe Dienstleistungen an Fließbandproduktion misst, werden wir jedoch aus der aktuellen und aus zukünftigen Pandemien nicht herauskommen. Es kann nicht sein, dass erst Industrie und Handwerk, also die Produktion von Schokolade, Traumautos oder Panzerhaubitzen angekurbelt werden müssen, damit man *Care*-Arbeit angemessen finanzieren kann. *Care*-Leistungen sind ein voraussetzungsvoller Teil der Wirtschaft, sie müssen in Zukunft über Digitalisierungsgewinne und Produktivitätsfortschritte mitfinanziert werden. ■ **Uta Meier-Gräwe**

Es braucht keine „entfesselte Wirtschaft“

Die Wahlprogramme von CDU/CSU und FDP setzten im Wahlkampf 2021 einstimmig auf die „Entfesselung der Wirtschaft“. Haben uns aber die Corona-Pandemie und die Klimakrise, deren verheerende Folgen inzwischen auch in Mitteleuropa, etwa im Ahrtal in Nordrhein-Westfalen, sichtbar werden, nicht gerade eine andere Lektion erteilt? Haben wir nicht gelernt, dass wir die Materialschlachten des fossilen Industriezeitalters und eines globalen, auf Gewinnmaximierung fixierten Wirtschaftssystems nicht fortsetzen können, weil alle Menschen abhängig und verletzlich sind?

Maßlosigkeit als Prinzip

Entfesselt meint: ungeregelt, überbordend, maßlos. Wer mit dieser Leitvorstellung vom Wirtschaften lebt, hält sozialen und ökologischen Ausgleich grundsätzlich für hinderlich. Das kann so weit gehen, dass man digitale Meldeplattformen für Steuerbetrug mit der Stasi vergleicht. Die Vorstellung vom prinzipiell entfesselten Wirtschaften hat schon heute zur Folge, dass der Öffentliche Dienst seine Aufgaben nur noch unzureichend wahrnimmt, etwa beim Umgang mit der Klimakrise. Ein neoliberales Mantra des „Weiter so!“ darf es deshalb nicht geben.

Technischer Fortschritt braucht soziale Einbettung

Stattdessen brauchen wir eine eingehegte, regulierte Wirtschaft, für die ein Staatswesen, beauftragt von der breiten Bevölkerung, strategische Ziele vorgibt.[41] Schon der Wirtschafts- und Sozialwissenschaftler Karl Polanyi (1886–1964) forderte in seinem epochalen Werk „Die große Transformation“[42] die soziale und institutionelle Einbettung von

Marktprozessen. Unter dem Eindruck der großen Depression und des Zweiten Weltkriegs schrieb er im Jahr 1944, *„dass die Idee eines selbstregulierenden Marktes eine krasse Utopie bedeutete. Eine solche Institution konnte über längere Zeiträume nicht bestehen, ohne die menschliche und natürliche Substanz der Gesellschaft zu vernichten. (...) Es war das Dilemma, dass sich das Marktsystem sein eigenes Grab geschaufelt hat und zuletzt auch die sozialen Institutionen zerstörte, auf denen es basierte.“*[43]

Bis heute dominiert allerdings in den Wirtschaftswissenschaften die Leitfigur des vermeintlich autonomen *homo oeconomicus*, der nichts anderes anstrebt als seinen eigenen Nutzen. Dieses Leitbild muss angesichts von Klima- und *Care*-Krise ausdrücklich durch ein realistischeres Modell ersetzt werden, das menschliche Verletzlichkeit und Abhängigkeit nicht leugnet, sondern als Konstanten einbezieht.

Care geht alle an

Erst so wird sichtbar, dass auch hochtechnisierte Gesellschaften auf die stetige Arbeit des Alltags – Kochen, Pflegen, Reinigen, Reparieren, Sich-Kümmern ... – angewiesen bleiben. Dass diese notwendige Arbeit nicht „weiblich“, sondern allgemeinmenschlich ist, darüber hat die Wirtschaftswissenschaft Jahrzehnte lang einen Mantel des Schweigens gelegt. Man meinte wohl, so die Kosten für die *Care*-Arbeit nach demselben Muster auslagern zu können wie die Vorgaben der Natur.[44] Diese offensichtlich interessengeleiteten Ausschlüsse sind bis heute in die DNA unseres Wirtschaftssystems eingeschrieben. Spätestens jetzt, da uns die Erde unter den Füßen wegschmilzt, gehören sie auf den Prüfstand. ■

Uta Meier-Gräwe

Zweiter Teil

Unterwegs im post-patriarchalen Durch-einander

Mit Politikern sprechen

Krankenpfleger Ricardo Lange ist während der Corona-Pandemie durch eindrückliche Beschreibungen seines Arbeitsalltags auf Intensivstationen zu einem bekannten Gesicht geworden. Wie viele andere Pflegekräfte findet er, es habe sich bis heute zu wenig an den Arbeitsbedingungen und Löhnen in der Pflege geändert. Im Vorfeld der Bundestagswahl 2021 hat Ricardo Lange Spitzenpolitiker gebeten, mit ihm über ihre Pläne zur Gesundheitspolitik zu reden.

Das wirtschaftsliberale Modell

Der FDP-Vorsitzende Christian Lindner, Ex-Gesundheitsminister Jens Spahn (CDU), CSU-Chef Markus Söder und der damalige CDU-Vorsitzende Armin Laschet sagten ab, was viel darüber aussagt, welche Bedeutung sie der Pflege beimessen. Immerhin: FDP-Vize Wolfgang Kubicki erklärte sich zu einem Gespräch bereit. Was er allerdings zu sagen hatte, war realitätsfern und ernüchternd: Mit mehr Wettbewerb, Pflegerobotern und Entbürokratisierung solle der Gesundheitssektor attraktiv gemacht werden. Dabei belegen zahllose Studien, dass Jahre der Sparpolitik und des *New Public Management* fast überall zu einem erhöhten Privatisierungs- und Prekarisierungsniveau geführt haben. Die Pandemie traf auf ein unterfinanziertes, unterbesetztes und unterbewertetes Gesundheitswesen.

Flankieren will Kubicki sein Konzept mit einer Werbekampagne für Berufe in der Kranken- und Altenpflege. Man müsse positive Beispiele transportieren, anstatt darüber zu klagen, wie schwer der Beruf sei. Dann würden sich junge Menschen schon dafür entscheiden. Schließlich gebe es große Unterschiede zwischen den Einrichtungen. Über die

Dreistigkeit, dann ein Pflegeheim ausgerechnet aus dem dänischen Wohld als *Best Practice* zu empfehlen, staunte Intensivpfleger Lange: Kubicki meinte, er sei sich in diesem Pflegeheim wie auf einem Kreuzfahrtschiff vorgekommen, „mit glücklichen Angestellten und glücklichen Bewohner*innen".[45]

Bessere Finanzierungsgrundlagen in Skandinavien und der Schweiz

Kein Wort verlor der FDP-Vize über die völlig anderen Finanzierungsgrundlagen des Gesundheitswesens in den skandinavischen Ländern, die im Übrigen der entscheidende Grund dafür sind, dass Finnland, Norwegen und Dänemark im Ranking von 154 Ländern am besten durch die Pandemie gekommen sind. Der Spitzenplatz Finnlands in diesem Corona-Ländervergleich geht auch auf die Arbeit des jungen weiblichen Regierungsteams in Helsinki zurück, das von Anfang an auf transparente Kommunikation und nachvollziehbare Entscheidungen setzte.

Mehr als mit Kubickis Ratschlägen wäre dem Pflegepersonal geholfen, wenn man alle Berufe grundsätzlich neu bewerten würde, wie das schon seit den 1990er Jahren Arbeitswissenschaftler*innen in der Schweiz tun.[46] Deren transparentes und EU-konformes System wird bereits für über 3000 berufliche Funktionen und in über hundert öffentlichen und privatwirtschaftlichen Unternehmen eingesetzt, darunter in Krankenhäusern und Pflegeheimen. Rund dreißig Prozent der geschlechterneutral bewerteten Berufe, darunter Pflege- und Reinigungskräfte, Polizeiangestellte und Kellner*innen werden seither mit jeder Neueinstellung besser bezahlt. Die Zufriedenheit der Berufsleute steigt. ■

Uta Meier-Gräwe

Auch das kommt vor: Ein Politiker gibt Antwort

Am 29. Juli 2021 lobte ich im Handelsblatt den FDP-Vizepräsidenten Wolfgang Kubicki, weil er sich, anders als Armin Laschet, Christian Lindner, Markus Söder und Jens Spahn, in einem Interview auf die Fragen des Pflegers Ricardo Lange zur Situation in Pflegeinstitutionen eingelassen hatte.[47] Allerdings übte ich auch Kritik: Kubicki und die Programmatik der FDP setzten auf Privatisierungen, Wettbewerb und Roboter. Statt strukturelle Veränderungen anzustoßen, wollten die Freien Demokraten den Pflegeberuf mit Werbekampagnen attraktiver machen.

Weihnachtliches Vorlesen im Altenheim statt besserer Löhne

Die Antwort Kubickis kam postwendend: Er halte die Pressefreiheit zwar für eine „tragende Säule unserer demokratischen Ordnung", wolle aber „hart in der Sache ringen", wenn Kolumnistinnen komplexe Sachverhalte vereinfachten. Offensichtlich hätte ich mich nämlich „keine Minute mit seinem Engagement in der Altenpflege beschäftigt", denn sonst wäre mein „Narrativ von der neoliberalen Weltfremdheit in Gefahr geraten". Schließlich setze er sich gemeinsam mit seiner Ehefrau seit Jahren für Altenheime in seinem Wohnort ein, spende regelmäßig Honorare und lese „zu Weihnachten den Menschen in Einrichtungen ... Geschichten vor". Dass eine Werbekampagne erfolgreich sein könne, wenn sie ein positives Bild vom beworbenen Gegenstand vermittle, beweise schließlich die Bundeswehr, die ja auch nicht damit werbe, „dass man als Soldat ... ums Leben kommen kann". Im Übrigen gebe es für Pflegende auch noch die Möglichkeit, nur so viele Menschen zu versorgen wie vorgeschrieben und sich dabei auf das Haftungsrecht zu berufen. Und schließlich hätte ich wohl nicht bedacht, dass die FDP in den vergangenen 23 Jahren lediglich vier Jahre auf Bundesebene in der Regierungsverantwortung gewesen sei, weshalb ich mich doch besser an Politiker anderer Parteien wenden solle, „deren Vertreter sich nicht einmal trauten, mit Herrn Lange überhaupt zu reden“.

Alltagsvergessenheit

Dass die Absagen der anderen angefragten Politiker ein Armutszeugnis sind und Wolfgang Kubicki sich allein dadurch positiv von ihnen abhebt, dass er sich überhaupt auf ein Gespräch über die Pflege einlässt, ist richtig. Inhaltlich aber verstärkt er mit seiner Rückmeldung den Eindruck von Inkompetenz, was ich ihm in meiner Antwort vom 5. August 2021 zu vermitteln versuchte: „Hätte ich ein persönliches Porträt schreiben wollen, so wäre ich selbstverständlich auch auf seine ehrenamtlichen Aktivitäten eingegangen.“ Im Interview sei es aber um die Parteilinie der FDP gegangen, und die sei strukturell unbefriedigend, woran Honorarspenden und Vorlesestunden nichts ändern könnten. Und weiter:

„Einer alleinerziehenden Altenpflegerin zu empfehlen, sie solle sich auf das Haftungsrecht berufen und einfach nicht mehr Leute versorgen als vorgeschrieben, zeugt von einer großen Alltagsvergessenheit: Soll sie denn einen Prozess führen, ihre Kündigung riskieren, neben der Notwendigkeit, ihre Kinder zu versorgen und wenigstens ein paar Stunden zu schlafen, um sich zu erholen?“ ■

Uta Meier-Gräwe

Forschungsbedarf

Am 19. Februar 2015 berichtete Seraina Kobler in der *Neuen Zürcher Zeitung* über statistische Erhebungen zur unbezahlten Arbeit.[48] Also über riesige Zahlen. Unter ihrem Artikel fanden sich zwei Kommentare. Der erste Kommentator schrieb:
„Viele der unbezahlten Arbeit leistet man für sich selbst - also ... das Waschen, Kochen, Putzen etc. Selbst wenn man verheiratet ist, leistet man davon also wenigstens die Hälfte für sich. Etwas, das man für sich selbst tut aber als unbezahlte Arbeit zu betrachten, ist ja schon etwas komisch."

Selbst- und Fremdsorge

Tatsächlich stellt sich die Frage, wie es zu bewerten ist, dass Menschen, die in Privathaushalten arbeiten, oft gleichzeitig für das eigene und für fremdes Wohlbefinden sorgen. Rechtfertigt diese Gleichzeitigkeit, wie der Kommentator nahelegt, die ökonomische Nicht- oder Minderbewertung von innerfamiliären *Care*-Tätigkeiten?

Allerdings ist es nicht „komisch", solche Fragen zu stellen, sondern ein dringliches Forschungsdesiderat. Sobald sich nämlich das Vorurteil auflöst, es handle sich bei der unbezahlten Arbeit um einen Automatismus, der „Liebe" oder „Mütterlichkeit" heißt, wird offenkundig, wie wenig gesichertes Wissen uns über die Ökonomie der so genannten „Privatsphäre" zur Verfügung steht.

Zuviel des Guten?

Der zweite Kommentator schrieb:
„Insgesamt ist diese Aufrechnerei ein Witz. Und generell, unbezahlte Arbeit kann nicht wie bezahlte Arbeit betrachtet werden - gerade weil sie nicht bezahlt wird. Die meiste dieser Arbeit würde,

wenn sie zu den angesetzten Preisen entlohnt werden müsste, gar nicht angefordert. Zum Beispiel das Kochen und Putzen würde drastisch reduziert und somit nicht geleistet."

Auch der Gedanke, dass sich gewisse biedermeierliche Gewohnheiten, zum Beispiel übersteigerte Erwartungen an Hygiene und Wohnkultur oder überbehütende Erziehungsstile, im Zuge einer postpatriarchalen Sorgepraxis zum Nutzen aller auflösen würden, ist nicht von der Hand zu weisen. Aber er ist kein „Witz", denn auch hier gilt: Es handelt sich um eine Vermutung, die überprüft werden muss: Wie viel Wohnlichkeit ist für das Wohlbefinden von Kleinkindern oder müden Erwerbstätigen notwendig? Wie entscheidet die *Care*-Arbeiter*in, welche ihrer Leistungen von wem mit welchem Recht „angefordert" werden dürfen, welche davon sie ohne Not weglassen kann?

Tausende von Studien im wissenschaftlichen Neuland

Die subtilen Dynamiken zwischen verschiedenen Tätigkeiten sind kein Witz und nicht komisch, sondern interessant. Sie sind Material für Tausende von wissenschaftlichen Arbeiten, die Menschen aller Geschlechter wohl bald schreiben werden. Hat zum Beispiel schon jemand untersucht, wie es auf Kinder und Jugendliche wirkt, dass von „Humankapitalverlust" oder „Armutsrisiko" die Rede ist,[49] wenn jemand sie erzeugt, sorgsam behütet und ins Erwachsenenleben begleitet? Oder warum so viele Frauen* trotz aller Missachtung ihrer Leistungen immer noch gratis arbeiten, und was sie genau meinen, wenn sie auf die Frage, warum sie es tun, „Natürlich aus Liebe!" antworten? ■

Ina Praetorius

Care-Arbeit in der digitalen Plattform-Ökonomie

Digitale Vermittlungsplattformen mit wohlklingenden Namen wie „Helpling“ oder „Book a Tiger“ haben in den vergangenen Jahren die Transaktionskosten für die Vermittlung von Dienstleistungen drastisch gesenkt. Die Plattformen verheißen leichten Zugang zu Putzhilfen oder Betreuungskräften – jenseits von Schwarzarbeit. Allerdings basieren die *On-Demand*-Firmen fast immer auf dem problematischen Geschäftsmodell der Soloselbständigkeit: Die Dienstleistenden müssen meist eigenständig für ihre soziale Absicherung aufkommen. Einer Musterrechnung des Deutschen Gewerkschaftsbundes DGB zufolge bleiben einer Arbeitskraft bei einem Stundenlohn von 12,90 Euro nach Abzug von 20% Portalprovision und Krankenversicherungsbeiträgen noch 7,10 Euro.[50] Damit liegt die Bezahlung weit unter dem Mindestlohn.

Zweifelhafte Geschäftsmodelle ermöglichen Profite

Nur wer fragwürdige Methoden anwendet, kann also haushaltsnahe Dienste auf dem digitalen Marktplatz günstiger und für die Investoren profitabler anbieten als Unternehmen, die ihre Beschäftigten regulär anstellen. Zwar geben die *On-Demand*-Firmen vor, auf Qualifikation und Zuverlässigkeit zu achten. Tatsächlich sind aber in der Praxis Qualitätsprobleme und eine hohe Fluktuation bei den meist migrantischen Arbeitskräften die Regel. Oft müssen sie Aufträge unter hohem Zeitdruck ausführen, und die Kund*innen sind deutlich privilegiert: Für die Kundschaft verheißen permanente *Ratings* Qualität, für die Beschäftigten hingegen hat eine schlechte Bewertung zur Folge, dass sie weniger

Aufträge bekommen. Die digitale Geschäftsidee fügt sich damit ein in eine lange Kette prekärer und atypischer Beschäftigungsverhältnisse. Es ist bereits die Rede von einem „digitalen Prekariat".

Strategien gegen Ausbeutung

Im aktuellen Koalitionsvertrag der „Ampel" heißt es, dem Wildwuchs solle mittels staatlicher Förderung haushaltsnaher Dienstleistungen entgegengewirkt werden: Bezuschusste Gutscheine sollen nur bei bestimmten zertifizierten Betrieben eingelöst werden können. Dadurch ließe sich Druck aufbauen, um die Arbeitsbedingungen für die Dienstleister*innen zu verbessern. Zudem würde mehr Transparenz über die Qualität von Dienstleistungsfirmen geschaffen.

Und es gibt auch neue Formen digitalen Wirtschaftens, die genauer erforscht werden müssten: Im Zuge einer netzwerkdemokratischen Bewegung in den USA wird zum Beispiel mit plattformbasierten Formen geteilter Eigner*innenschaft experimentiert. Die Rede ist von einem Plattform-Kooperativismus, der nach neuen Standards und Schutzregeln in der digitalisierten Arbeitswelt sucht. Es geht dabei um faire Apps, um neues digitales Gemeingut, in denen sich die Dienstleister*innen selbst organisieren können. „Das sind ausnahmsweise gute Nachrichten aus einem Bezirk der Arbeitswelt, in dem Goldgräberstimmung herrscht ...," schreibt Christoph Bartmann in seinem aufschlussreichen Buch „Die Rückkehr der Diener".[51] ■

Uta Meier-Gräwe

Özlem Türeci und Uğur Şahin: *Care-Arbeit ermöglicht Karrieren*

Es ist ein beeindruckendes Beispiel für gelungene Integration und Erfindungsgeist: Dem türkischstämmigem Ehepaar Özlem Türeci und Uğur Şahin ist es in kürzester Zeit gelungen, einen hochwirksamen Impfstoff gegen das Coronavirus zu entwickeln und dafür als Erste eine Zulassung zu erhalten. Deutschland, das sich nach wie vor schwer damit tut, ein Einwanderungsland zu sein und gezielt in die Fähigkeiten von Kindern mit Migrationsgeschichte zu investieren, feiert die beiden zu Recht als Heldin und Held.

Doch damit wir mehr als eine aufbauende Geschichte aus diesem Erfolg ziehen können, müssen wir mehr wissen, als wir bislang erfahren haben: Was braucht es, damit Kinder aus migrantischen Familien so erfolgreich sein können? Was braucht es generell für unternehmerische und wissenschaftliche Höchstleistungen?

Zwei deutsche Biografien

Şahin kam als Vierjähriger mit seiner Mutter nach Köln, wo sein Vater bei Ford am Fließband arbeitete. Wäre es nach seinem Lehrer gegangen, hätte er nach der Grundschule die Hauptschule besucht. Erst als ein deutscher Nachbar sich für ihn einsetzte, kam er ins Gymnasium. Gedankenlos in die Hauptschule geschickt zu werden, ist eine bedeutende Hürde für viele Kinder mit Migrationshintergrund. Dazu kommt generell ein mangelndes Interesse, überhaupt in ihre Bildung zu investieren. Sogar in einer wohlhabenden Stadt wie Freiburg, in der ich wohne, ist dies sichtbar: Es gibt dort keine politische Mehrheit dafür, in dem Stadtteil mit der höchsten Anzahl von Grundschulkindern mit Migrationserfahrung auch nur eine weiterführende Schule ab der fünften Klasse zu bauen.

Türecis Vater war als Chirurg an einem Krankenhaus in Cloppenburg tätig. Dorthin nahm er seine Tochter als Kind öfter mit, was ihren Berufswunsch prägte: Wie Şahin studierte sie Medizin. Die beiden heirateten im Jahr 2002, gründeten 2008 die Firma *Biontech*.

Solche Fakten sind der Titelgeschichte des „Spiegel" vom 2. Januar 2021 zu entnehmen. Eine ehemalige Kollegin bezeichnet darin Şahin und Türeci als „brillante Arbeitstiere". Türeci betont: *„Unsere Arbeit hört nicht um 17 Uhr auf, wir gehen darin auf."* Dass das Paar eine gemeinsame Tochter hat, wird nur nebenbei im Text erwähnt.

Wer hat das Arbeiten bis in die Nacht ermöglicht?

Mir fällt auf, wie stark hier wissenschaftliche Arbeit überhöht wird. Ich frage mich: Wer hat sich um die Tochter gekümmert, als sie klein war? Gab es eine Großmutter oder eine Haushaltshilfe, die das Paar entlastet, die gekocht und für die blütenweißen Arztkittel gesorgt haben? Gab es einen Ganztagskindergartenplatz? Oder haben sich Türeci und Şahin die Arbeit des Alltags fair geteilt? Wie geht das aber mit überlangen Arbeitszeiten im Labor?

Solange solche Fragen offenbleiben, taugt die Story nicht als Rollenmodell. Die verlässliche *Care*-Arbeit ist das Fundament dieser Erfolgsgeschichte. Sie wird aber, alten Denkschablonen folgend, noch immer ausgeblendet.

Vielleicht fehlen den Verfassern der Titelgeschichten einfach die lebensweltlichen Erfahrungen, um die richtigen Fragen zu stellen? ■ **Uta Meier-Gräwe**

Leihmutterschaft im globalen Kapitalismus

Etwa 15.000 ungewollt kinderlose Paare reisen jährlich aus Deutschland ins Ausland, um eine Leihmutter zu beauftragen, ein im Reagenzglas *in vitro* gezeugtes Kind auszutragen. Seit in mehreren asiatischen Ländern die entsprechenden Gesetze verschärft wurden, ist die Ukraine zu einem *Hotspot* für kommerzielle Leihmutterschaft geworden. Während es in Deutschland unter Verweis auf Frauenrechte und Menschenwürde verboten ist, für andere ein Kind auszutragen, ist die Übertragung der Elternschaft auf zahlungskräftige Paare dort relativ einfach möglich: Agenturen vermitteln zwischen Wunscheltern und Leihmüttern. *All-inclusive*-Angebote kosten zwischen 30.000 und 40.000 Euro. Am *Black Friday* 2021 warb die größte ukrainische Leihmutteragentur BioTexCom mit drei Prozent Rabatt.[52]

Leihmutterschaft im Krieg

Der Krieg in der Ukraine wirft ein neues Licht auf solche Praktiken: Um die Flucht der Leihmütter ins Ausland zu verhindern, stellte BioTexCom vor Kriegsausbruch im Frühjahr 2022 ein Video von einem Bunker ins Netz. Es sollte den Frauen versichern, auch im Krieg werde es ihnen an nichts fehlen. Mit der Realität hatte das wenig zu tun, zumal sich die meisten Reproduktionskliniken in stark umkämpften Regionen befanden. Eine der Leihmütter, die ein Kind im Bunker zur Welt gebracht hatte, berichtete der Deutschen Welle, sie habe drei Tage nichts von der Agentur gehört. Die Firmenmitarbeiter, die schließlich eintrafen, hätten lediglich die Babys abgeholt, ohne Nahrung für die Leihmütter mitzubringen.

Leihmutterschaft und Flucht

Ukrainische Leihmütter, die nach Westeuropa geflohen sind, betreten rechtliches Neuland. In vielen Ländern, auch in Deutschland, wird eine Frau durch den Akt der Geburt automatisch zur Mutter des Kindes, auch wenn sie genetisch nicht mit dem Neugeborenen verwandt ist. Komplizierte Adoptionsgesetze führen dazu, dass sie, unabhängig von ihrer finanziellen Situation, bis zum Abschluss der Adoption alleinverantwortlich für das Wohl des Kindes ist. Nicht nur aufgrund solcher rechtlicher Komplikationen drängen die Agenturen auf Rückkehr in die Ukraine vor dem Geburtstermin, unter anderem um zu verhindern, dass Interna über ausbeuterische Geschäftspraktiken öffentlich bekannt werden. Da den Leihmüttern die letzte und höchste Rate erst nach der Geburt des Kindes ausgezahlt wird, haben die Agenturen ein starkes Druckmittel in der Hand.

Was folgt daraus?

In der akuten Kriegssituation braucht es kurzfristig vereinfachte Aufnahmeregelungen für ukrainische Leihmütter und ihre Neugeborenen, dazu ein unbürokratisches Adoptionsverfahren, sodass die Frauen ohne Ängste einreisen und bleiben können. Längerfristig braucht es eine Kritik der Doppelmoral: Es geht nicht an, dass Leihmutterschaft unter Hinweis auf Frauen- und Menschenrechte im Inland verboten wird, während sie gleichzeitig einfach ausgelagert werden kann. Parallelen zu profitorientierten Geschäftspraktiken in den transnationalen Migrationsketten von 24-Stunden-Betreuer*innen drängen sich auf.[53] Und es braucht eine postpatriarchale Ethik der menschlichen Fortpflanzung.[54] ■

Uta Meier-Gräwe

Klimaschutz und Gesundheitspersonal

Am 4. August 2021 stellten zwei linksambitionierte Jungökonomen, Ole Nymoen und Wolfgang M. Schmitt, in ihrem Podcast „Wohlstand für alle“ eine interessante Frage: *„Was hat das Klima von mehr Gesundheitspersonal?“*[55]

„Nichts natürlich!“, möchte eine spontan antworten und damit die Frage als rhetorisch abtun. Zwar will man im Allgemeinen die Klimapolitik „sozialverträglich“ gestalten. Aber abgesehen von dieser ausgeleierten Absichtserklärung scheinen Umwelt-, Gesundheits- und Sozialpolitik wenig miteinander zu tun zu haben.

Mehrfach abhängig

Es gibt da aber einen Zusammenhang: Er liegt in dem Wissen, dass Menschen abhängig sind, und zwar von der Natur und voneinander. Egal, wie viel Geld sich auf unseren Konten und wie viele Nobelpreise sich in unseren Lebensläufen angesammelt haben, jeder und jede kann jederzeit auf der Intensivstation landen, und alle geraten wir in Not, wenn Unwetter unsere Häuschen oder auch Villen wegreißen, wenn Hänge rutschen, Gletscher schmelzen oder Waldbrände den Badestränden zu nahe kommen.

Abhängigkeit ist nun allerdings nicht der Zustand, den man uns zu lieben gelehrt hat. Im Gegenteil: Schon in der Antike haben Philosophen eine mannhafte Form von Freiheit aufs Podest gestellt, die sich als das *Gegenteil* von Abhängigkeit versteht. Theologen haben menschliches Angewiesensein zwar nie bestritten, es aber höchst eigenartig konzipiert, nämlich als Unterwerfung unter einen göttlichen „Herrn und Vater“, der vom Himmel herab nach Belieben straft, liebt, züchtigt oder begnadigt.

Freiheit existiert nur in Abhängigkeit

Zwar müsste jedem denkenden Menschen einleuchten, dass Freiheit für geborene und sterbliche Naturwesen nur in bleibender Abhängigkeit existiert.[56] Aber man kann sich über diese Einsicht hinwegtäuschen, zum Beispiel indem man Leute versklavt oder ein Geschlecht als von Natur aus fürsorglich und gleichzeitig unterwürfig definiert. Diese Spezialformen der Gattung *homo sapiens* kann man dann in Sonderwirtschaftszonen sperren, wo sie sich hauptamtlich mit den peinlichen Begleit- und Folgeerscheinungen menschlicher Abhängigkeit und Natürlichkeit befassen sollen. Der lateinische Begriff „Familie" leitet sich vom Wort „famulus" ab. „Famulus" heißt „Diener".

Inzwischen hat sich die Menschheit allerdings auf allgemeine und gleiche Menschenrechte geeignet:

„Alle Menschen sind frei und gleich an Würde und Rechten geboren."[57]

Und die Klimakrise führt uns täglich vor Augen, dass kein Mensch ein souveräner Herr ist, der sich selbst und seine Umgebung von oben herab kontrollieren kann. Womit wir wieder bei der Frage wären, was das Klima mit dem Gesundheitspersonal zu tun hat: Dem Klima selbst ist das Gesundheitspersonal natürlich egal. Aber Menschen tun gut daran, die eigene Abhängigkeit von der Materie, aus der wir alle bestehen, und voneinander so zu organisieren, dass möglichst wenig Schaden für uns und unsere Nachkommen entsteht. ■

Ina Praetorius

Was ein richtiges Mannsbild ist, hat von Care keine Ahnung

Ich hatte da wieder mal eine Idee: Jemand könnte doch im Berliner Politikbetrieb einen „Rat der fünf *Care*-Weisen" ins Gespräch bringen. Die „fünf Wirtschaftsweisen", also den „Sachverständigenrat zur Begutachtung der gesamtwirtschaftlichen Entwicklung"[58] gibt es schließlich schon seit 1963. Aus „unabhängiger Expertensicht" legt dieser Rat alljährlich eine „Begutachtung der gesamtwirtschaftlichen Entwicklung" vor und trägt damit „zur Erleichterung der Urteilsbildung bei allen ... verantwortlichen Instanzen sowie der Öffentlichkeit" bei. Das würde doch mit *Care* genauso funktionieren, dachte ich mir. Irgendwann, wenn alle verstanden haben, dass Wirtschaft *Care*[59] ist, könnte man die beiden Räte dann einfach zusammenlegen.

Als ersten Adressaten für meine Idee wählte ich einen jungen linken Bundestagsabgeordneten, einen studierten Volkswirt, den ich von Twitter kenne und der sich schon als Europaparlamentarier für Wirtschafts- und Finanzfragen, also *hoffentlich auch für den größten Wirtschaftssektor* engagiert hat. Auf meine Frage, ob er sich für den Rat der *Care*-Weisen einsetzen würde, twitterte er am 6. Dezember 2020:

„Oh! Da gibt es viel schlauere Menschen als mich, die sich damit auskennen!"

Eine Sammlung mit System

Nun hätte dieser Mann wissen können, dass ich seit Jahren Ökonomen frage, wie sie es mit dem größten Wirtschaftssektor halten. Und dass ich die Antworten sammle und systematisiere. Und dass ich am 24. Oktober 2020 einen inzwischen vielgelesenen *Blogpost* publiziert habe, in dem ich über diese meine spaßige Tour durch die Gefilde der wissenschaftlichen Ökonomie orthodoxer wie heterodoxer, linker wie liberaler wie konservativer und sonstiger Ausprägung berichtet habe. Aber diesen Text hat er vermutlich nicht gelesen. Sonst hätte er nämlich gewusst, dass er mit seinem flinken „Oh!" in derselben Schublade landen würde wie der Klassenfeind, zum Beispiel der ehemalige Rektor der Universität St. Gallen oder ein anderer nicht überaus linker Kollege, der mich bereits am 2. April 2019 über das allgemeine Desinteresse der gesamten Disziplin am größten Sektor ins Bild gesetzt hatte, indem er mir schrieb, dass *„die außermarktliche Ökonomie eher ein marginales Gebiet der Tätigkeiten der meisten Forscher darstellt"*.

Schubladisiert

Nun sitzt der junge Abgeordnete also auch in dieser schon gut gefüllten Schublade, auf der ein Zettel mit der Aufschrift „Ignoranten" klebt. Und ich versuche mir vorzustellen, worüber er nun mit all den Kumpeln reden wird: über die geheime oder auch weniger geheime, da zuweilen publikumswirksam in Szene gesetzte Seelenverwandtschaft der Linken mit Fussballclubs und Männerchören vielleicht, in denen man sich beim Bier gern gegenseitig auf die Schultern klopft, weil doch alle wissen, dass das Wäschewaschen und das Popoputzen bei der zuhause gebliebenen Ehefrau immer noch am besten aufgehoben ist? So wie der größte Wirtschaftssektor bei den raren Feministinnen im Politikbetrieb, weil die ja wahrscheinlich, anders als mann selber, nichts wirklich Wichtiges zu tun haben? ■ **Ina Praetorius**

Die Frankfurter Küche

Margarete Schütte-Lihotzky (1897–2000) stammte aus gutbürgerlichen Verhältnissen. Während ihres Studiums an der Wiener Kunstgewerbeschule entdeckte sie für sich eine Männerdomäne: die Architektur.

„Mich hat das ungeheuer fasziniert, dass man auf dem Papier sich etwas ausdenkt, was dann Einfluss hat auf das Leben der Menschen, … ob sie sich wohlfühlen in ihren vier Wänden …“[60]

Als erste Architekturstudentin nahm sie an einem Wettbewerb für Arbeiterwohnungen teil. Dabei folgte sie dem Rat einer ihrer Berater, selbst in die Arbeiterviertel zu gehen, um sich ein Bild von den bedrückenden Lebensumständen dort zu machen. Margarete Lihotzky gewann den Wettbewerb. Sie habe, sagt sie, den Ausspruch Heinrich Zilles, man könne einen Menschen mit einer Wohnung ebenso erschlagen wie mit einer Axt, zwar noch nicht gekannt, habe aber genauso empfunden.

Von Wien nach Frankfurt

Nicht nur im „Roten Wien“ wandten sich damals viele Architekten angesichts der großen Wohnungsnot den Lebensbedingungen von Arbeiter*innenfamilien zu. Der Frankfurter Stadtbaudirektor Ernst May holte die junge Wiener Architektin in die Typisierungsabteilung des Hochbauamts. Hier konzipierte sie die „Frankfurter Küche“ und errang damit Weltruhm. Es entsprach dem damaligen Zeitgeist der Technikgläubigkeit, Arbeitsabläufe im Sinne einer „wissenschaftlichen Betriebsführung“ auf den häuslichen Lebensbereich zu übertragen. Zugespitzt: Die Einbauküche unterwarf die Hausfrauen dem Takt der Industrieproduktion.

Berechtigte Einwände

Harsch war in den 1960er Jahren die feministische Kritik an dieser Art der Reformarchitektur und an der ersten Generation von Haushaltswissenschaftlerinnen, die sich daran orientierte: Die Frankfurter Küche sei eine Art komfortables Gefängnis. Die sozialdemokratische Reformarchitektur habe den Optimierungswahn der totalen Arbeitsentfaltung im Privathaushalt einseitig den Frauen zugeschoben und habe ihn gleichzeitig durchsetzbar und annehmbar gemacht. Umgekehrt stellten allerdings die ersten feministischen Wissenschaftlerinnen lange Zeit die weibliche Berufstätigkeit in den Fokus der Aufmerksamkeit und unterschätzten dabei massiv die Systemrelevanz der *Care*-Arbeit.

Hausarbeit ist vermischtes Tun

Bezeichnend ist, dass Margarete Schütte-Lihotzky rückblickend feststellte, sie habe bis zur Erfindung der Frankfurter Küche nie einen Haushalt geführt und nie gekocht. Das hätte zunächst ihre Mutter erledigt, bekennt sie, später sei sie meist auswärts essen gegangen.

Hätte sie selbst einen Haushalt geführt, wäre ihr vielleicht aufgefallen, dass Hausarbeit vermischtes Tun ist und dass es schwierig ist, in einer 6,5 Quadratmeter kleinen Küche während des Kochens Kinder zu beaufsichtigen. So revolutionär die zweckmäßige Architektur der „Frankfurter Küche" auch war, sie hat dazu beigetragen, *Care*-Arbeit unsichtbar zu machen und abzuwerten. Eine faire Aufgabenteilung mit Partner oder Partnerin oder die Beteiligung von Kindern an der Arbeit des Alltags ist in der Raumstruktur der Frankfurter Küche jedenfalls kaum möglich. ■ **Uta Meier-Gräwe**

Das kostensparende Geschlecht

Am 17. Oktober 2019 sendete das Schweizer Fernsehen eine neunminütige Reportage mit dem Titel „Pflegekosten – die Armutsfalle".[61] Gezeigt wurden zunächst Seniorinnen und Senioren, die für Pflegeleistungen in Heimen staatliche Transferleistungen beziehen, danach ein hochbetagter Mann, der trotz einer starken Gehbehinderung noch in der eigenen Wohnung wohnt. Das Heim sei für ihn „keine Option", sagt er, obwohl er seit Jahren pflegebedürftig sei. Ein einziger kurzer Satz aus dem *Off* erklärt seine vorbildlich kostensparende Lebensform: *„Die Ehefrau pflegt ihn, vor allem in der Nacht."*

Eine aufmerksame Bürgerin

Am 29. Oktober 2019 reichte die erfahrene Medienkritikerin Martha Beéry-Artho bei der Ombudsstelle des Senders Beschwerde gegen die Reportage ein: Die unbezahlten Pflegeleistungen der Ehefrau seien nicht sichtbar geworden, moniert sie, weshalb das Gebot der Sachgerechtigkeit nicht erfüllt sei. Wie man aus den im Einzelnen bezifferten Pflegekosten im Heim habe entnehmen können, sei die gratis zuhause erbrachte Pflege für deren Empfänger beziehungsweise für den Staat massiv kostensparend. Eine sachgerechte Darstellung der Situation der Seniorinnen und Senioren hätte daher auch die Pflegeleistungen der Ehefrau beziffern müssen. Offizielle Zahlen zur Wertschöpfung durch unbezahlte Haushaltsproduktion liefere das Schweizer Bundesamt für Statistik schließlich schon seit 1997.

Zweimal abgewiesen

Der Ombudsmann wies am 24. November 2019 die Beanstandung zurück.[62] In seiner Begründung argumentiert er, eine Bemessung der Leistungen der Ehefrau wäre „zu kompliziert“ geworden, zumal es in der Sendung um ein „anderes Thema“, nämlich nicht um die Betreuung durch Angehörige, sondern um die Frage der Pflegekosten gegangen sei. Es störe ihn zwar auch, dass „diese wichtige Person“ nur kurz erwähnt und nicht befragt worden sei. Laut Auskunft der Redaktion habe die Frau es aber abgelehnt, selbst gefilmt zu werden.

Martha Beéry-Artho zog am 19. Dezember 2019 ihre Beanstandung an die „Unabhängige Beschwerdeinstanz für Radio und Fernsehen“ weiter. Auch diese lehnte am 29. Mai 2020 die Beschwerde ab.

Mit oder ohne Lohn: Arbeit ist Arbeit

Es bleibt dennoch dabei: Arbeit ist Arbeit, egal ob sie zuhause gratis oder im Pflegeheim gegen Lohn verrichtet wird. Diese Sicht der Dinge sollten Ökonom*innen, Medienschaffende und deren Kontrollinstanzen unterstützen, statt die Ideologie vom liebenswürdig kostensenkenden Geschlecht zugunsten diverser Profiteur*innen und ohne gute Gründe durch weitere Jahrhunderte zu schleppen. ■ Ina Praetorius

Scheinlösung Minijobs

Im Jahr 2003 wurden in Deutschland steuer- und abgabenbefreite Minijobs eingeführt, vor allem, damit Unternehmen auf Auftragsspitzen flexibel reagieren können. Die Mehrheit der 4,7 Millionen Menschen in Deutschland mit einem Minijob sind Frauen. Sie profitieren nur vordergründig. Genau besehen und langfristig haben sie das Nachsehen:

Die Rechnung geht nicht auf

Nicht erst in der Corona-Pandemie wurden die Nachteile dieser Beschäftigungsform deutlich: Obwohl es sich um legale und staatlich geförderte Jobs handelt, hatten die in der ersten Corona-Welle entlassenen 850.000 Minijober*innen keinen Anspruch auf Kurzarbeitsgeld. Doch auch dann, wenn eine Minijobberin ab ihrem 35. Lebensjahr bis zum Rentenalter durchgängig einen 400-Euro-Job ausübt, erzielt sie nur einen kläglichen Rentenanspruch von 142 Euro.

So ist insbesondere im Fall von Trennung und Scheidung Altersarmut vorprogrammiert. Ungerecht ist das Arrangement vor allem, weil Frauen in all den Ehejahren die unbezahlte Sorgearbeit für ihre Männer und Kinder geschultert haben. Vor allem Zweitverdienerinnen sitzen in der Falle: Eine verheiratete Mutter mit zwei Kindern und einem Ehemann mit 48.000 Euro Jahreseinkommen erzielt in einem Minijob mit 10,4 Stunden pro Woche und einem Bruttoverdienst von 10 Euro pro Stunde 5400 Euro netto im Jahr. Bei einem Wechsel in einen regulären 20-Wochenstunden-Teilzeitjob erhöht sich das Nettoeinkommen der Familie aufgrund der Steuer- und Abgabenlast um gerade einmal 893 Euro pro Jahr. Dass diese Rechnung nicht aufgeht, versteht sogar das sprichwörtliche Milchmädchen und bleibt im Minijob.

Trugschluss Brückenfunktion

Arbeitgeber klagen über fehlende Fachkräfte. Der Mangel wird sich in den kommenden Jahren noch zuspitzen, auch in den Bereichen Bildung, Gesundheit und Sozialarbeit, in denen 29 Prozent aller Minijobber*innen tätig sind. Die meisten von ihnen sind Mütter, die über eine abgeschlossene Berufsausbildung verfügen oder ein Studium absolviert haben. Auch im Einzelhandel fehlt Personal. So berichtet ein Familienunternehmer der REWE-Handelskette, der Minijobberinnen zum Umstieg in einen sozialversicherungspflichtigen Teilzeitjob ermutigte, dass sich viele zunächst gern auf dieses Angebot eingelassen haben. Die Frauen gewannen an Selbstbewusstsein, einige konnten in ihren Abteilungen sogar leitende Funktionen übernehmen. Das böse Erwachen kam jedoch nach dem ersten Steuerbescheid: Die Frauen mussten bis zu 1.200 Euro zurückzahlen, weshalb viele frustriert wieder in den steuerfreien Minijob wechselten.

Man sollte Frauen nicht vorgaukeln, Minijobs hätten eine Brückenfunktion in den ersten Arbeitsmarkt. Vielmehr gibt es dringenden Reformbedarf: Die Befreiung der Minijobs von Steuern und Sozialabgaben muss fallen. Gleichzeitig sollte das Ehegattensplitting reformiert werden zugunsten einer Besteuerung, die Ehepaare dazu ermutigt, Erwerbsarbeit und Haushaltsproduktion gleichberechtigt aufzuteilen. ■

Uta Meier-Gräwe

Ein gesprächiger Professor

Die einen steigen auf Berge, die anderen züchten Rosen. Mein liebstes Hobby ist es, mit Ökonomieprofessoren zu korrespondieren. Am 24. April 2016 habe ich zum Beispiel an einen geschrieben, der im Ökonomen-*Ranking* der *Neuen Zürcher Zeitung* schon länger ziemlich gut abschneidet. Ein- oder zweimal war er der zweitwichtigste Ökonom der Schweiz, nach Ernst Fehr. Ich fragte ihn: Warum kommt der größte Wirtschaftssektor, die unbezahlte *Care*-Arbeit, nicht im Bruttosozialprodukt vor und auch selten im Wirtschaftsteil der Zeitung?

Anders als Ernst Fehr, der mir in vier Jahren nur einen einzigen Satz gemailt hat, ist dieser Herr Professor ein aufgeschlossener Mensch. Ich bekam also Antwort: Ja, sicher gebe es außermarktliche Tätigkeiten, schrieb er mir, und sie trügen auch zur Wertschöpfung bei. Selbstverständlich steige die gesellschaftliche Wohlfahrt, wenn Menschen in ihrer Freizeit schlafen oder essen oder ihr Haus putzen. Das sei aber kein Grund, diese Tätigkeiten zum Gegenstandsbereich der Ökonomie zu zählen. Denn von der statistischen Erfassung zur staatlichen Kontrolle sei es nur ein kleiner Schritt, weshalb er mir die Gegenfrage stellen wolle, ob ich denn bereit sei, für meinen Mittagsschlaf Steuern zu zahlen.

Eine ehrliche Antwort

Was mir an dieser Antwort gefällt, ist ihre Aufrichtigkeit. Ich hatte zwar schon vermutet, dass Ökonomen von all dem, was sich außerhalb des Geldkreislaufs abspielt, wenig wissen und wenig wissen wollen, weshalb sie keinen Unterschied sehen zwischen Hausputz und Schlaf. Aber das hatte mir noch keiner so deutlich gesagt. Die meisten hatten sich entweder meinen Fragen entzogen, oder sie waren peinlich berührt gewesen. Womöglich weil ihnen dämmerte, dass es nicht logisch ist, auf den ersten Seiten wirtschaftswissenschaftlicher Lehrbücher die Ökonomie als Lehre von der Befriedigung menschlicher Bedürfnisse zu definieren,[63] ab Seite zwei dann aber nur noch über Kaufen und Verkaufen zu reden. Ich war deshalb froh, dass endlich ein Ökonom mir kurz und bündig erklärte, welche Annahmen er seiner Lehr- und Forschungstätigkeit zugrunde legt: Was Geld einbringt, ist Gegenstand der Wirtschaftswissenschaft, befriedigt also per Definition Bedürfnisse. Was außerhalb des Geldkreislaufes stattfindet, ist eine unförmige Masse von diversen Tätigkeiten und Nichttätigkeiten, die man sich besser nicht genauer anschaut, weil man sonst vielleicht mehr Steuern zahlen muss.

Schlafen und Putzen

Was ist der Unterschied zwischen Schlafen und Putzen? Schlafen macht wach, Putzen macht müde. Schlafen regeneriert, Putzen ist Arbeit, die das menschliche Bedürfnis nach einer sauberen und geordneten Umgebung befriedigt. Ist eine ökonomische Theorie denkbar, die solche Unterschiede auch hinsichtlich „außermarktlicher“ Tätigkeiten erkennt und anerkennt? Wem käme eine solche Ökonomie zugute? Wen soll ich als nächsten fragen? ■ **Ina Praetorius**

Schöne gute Festtagsarbeit

Am 11. Dezember 2020 schickte das Ministerium für Kinder, Familie, Flüchtlinge und Integration des deutschen Bundeslandes Nordrhein-Westfalen eine Information an Eltern von Kindern, die normalerweise in Kitas betreut werden. Darin erklärte das Ministerium, wie der Betrieb von Kitas sich während des pandemiebedingten *Lockdowns* vom 14. Dezember 2020 bis zum 10. Januar 2021 gestalten werde. Bevor ich mich gleich über einen Satz aus dieser Information wundern werde, möchte ich ausdrücklich betonen, dass mir bewusst ist, wie schwierig die Situation für alle Beteiligten am Ende des ersten Pandemiejahres war: Mütter, Väter, Kinder und Jugendliche, Kitabetreiberinnen und Betreuer haben noch nie Weihnachten unter Bedingungen einer globalen Pandemie erlebt. Alle sind überfordert.

Zuhause ist nicht automatisch Freizeit

Und jetzt kommt der Satz, über den ich mich wundere:
„Die Weihnachtszeit und die Zeit zwischen den Jahren sind für viele Familien ... arbeitsfreie Tage.“

In meinem Haushalt leben keine Kinder und Jugendlichen mehr. Die Weihnachtstage und die Zeit zwischen den Jahren habe ich im Pandemiejahr 2020 mit meinem Ehemann zuhause verbracht. Trotzdem mussten wir dafür sorgen, dass alles, was wir brauchten, eingekauft war, dass das Haus ordentlich, das Badezimmer geputzt, die Wäsche gewaschen, getrocknet und in Schränken gestapelt und dass die Pflanzen gegossen waren. Wir haben etwas Feines gekocht und den Tisch schöner gedeckt als gewöhnlich. Wir haben viele Grußkarten an viele liebe Leute geschrieben und unseren

Nachbarinnen und Nachbarn kleine Geschenke in ihre Briefkästen gelegt.

Ich erinnere mich ans Weihnachtsfest vor fünfundzwanzig Jahren. Damals war unsere Tochter sechs Jahre alt. Sie brachte Freundinnen nach Hause. Die wollten bewirtet werden. Für alle gab es eine kleine Überraschung. In der Kirche wurde ein Krippenspiel aufgeführt. Dafür waren Texte auswendig zu lernen und Kostüme zu schneidern. Am Abend des 24. Dezember öffneten wir, wie jedes Jahr, das Pfarrhaus für Leute aus der Gemeinde. Ich kochte ein mehrgängiges Menü für vierzehn Menschen. Es war schön. Es war Arbeit.

Worauf es ankommt

Nach der Pandemie werden wir uns hoffentlich entschieden haben: Arbeit ist meinetwegen auch der *Bullshit*,[64] den Leute in Büros tun, damit sie am Ende des Monats auf ihren Konten die Zahlen vorfinden, die es braucht, damit sie zuhause das tun können, worauf es ankommt. Vor allem aber ist Arbeit, was das Zusammenleben von Menschen ermöglicht und täglich neu erfreulich macht, an Feiertagen ganz besonders: *Die Weihnachtszeit und die Zeit zwischen den Jahren sind für Familien Tage voll schöner und sinnreicher Arbeit.* ■ Ina Praetorius

Gutenachtgeschichten in den „großen“ Medien

Jeden Werktag Abend zur besten Sendezeit berichtet das Schweizer Fernsehen SRF über die „Faszination Börse“.[65] Ich schaue mir die drei Minuten Börsenbericht so regelmäßig wie möglich an, kann mich aber nicht erinnern, da jemals von der Arbeit gehört zu haben, die unter den elegant auf- und absteigenden Kurven des *Swiss Market Index* (SMI) verborgen liegt. Zwar gäbe es weder Banken noch SMI, wenn niemand dafür sorgen würde, dass die Klos geputzt, die Hemden gewaschen und die Kinder in die Schule geschickt werden. Aber den Börsianer*innen ist es vermutlich peinlich, dass die Arbeitsteilung zwischen den Krawatten- und Stiletto-Träger*innen und der Haushaltsproduktion die Frauen in der Schweiz um jährlich ungefähr 100 Milliarden Franken betrügt.[66]

Nicht schon wieder!

Am 24. März 2019 sendete das Schweizer Radio ein halbstündiges Gespräch zwischen dem Ökonomieprofessor Mathias Binswanger und mir. Das Thema hieß: „Eine neue Ökonomie“.[67] Für einmal sprachen wir über die ausgeblendete Grundlage des profitgetriebenen Wirtschaftens. Nach diesem Gespräch fragte ich die Redaktionsleiterin der Debattensendung „Sternstunden“ per Twitter, ob sie das Missverhältnis zwischen der Geldmaschine, die wir „Ökonomie“ nennen sollen, und deren verschwiegener Basis auch einmal in ihrer Sendung zum Thema machen wolle. Am 18. April 2019 schrieb sie mir zurück, sie sehe keinen Anlass, das Thema „grad nochmal“ zu bringen.

Dass viele große Medien täglich über die Börse, aber kaum je über den größten Wirtschaftssektor berichten, ist ärgerlich, aber logisch: Man hat Angst vor den gewaltigen Zahlen, die die statistischen Ämter seit Jahrzehnten der Öffentlichkeit präsentieren. Denn wenn alle über die „Satellitenkonten Haushaltsproduktion“ Bescheid wüssten, würde wohl eine Protestlawine gegen den verengten Ökonomiebegriff und seine weitreichenden Folgen anrollen. Deshalb bleibt man lieber beim gängigen Narrativ von den defizitären Frauen, die „aufholen müssen“, um endlich „in die Wirtschaft integriert“ zu werden:

Liebesdienste?

Am Schweizer Frauen*streiktag, dem 14. Juni 2021, zum Beispiel, berichtete die Wirtschaftssendung *Eco* über den „chronischen Frauenmangel in der IT-Branche“. Ich hätte mir stattdessen Nachdenklichkeit über *Bullshit-Jobs*[68] und Ökosystemrelevanz gewünscht oder über den *Pflexit* oder über toxische Männlichkeit in der IT-Branche. Wer aber die verantwortlichen Redakteur*innen zur Parteilichkeit der Programmpolitik befragt, bekommt meist die altväterliche Mär von den „Liebesdiensten“ und den „gegenseitigen Hilfeleistungen“ zu hören. So schrieb mir Stefan Barmettler, der Chefredakteur der Handelszeitung, am 30. Oktober 2019, viele Eltern fassten Erziehungsarbeit doch als „Akt der Zuneigung, Verantwortung und Freude“ auf und wollten deshalb bestimmt nicht dafür bezahlt werden.

Dass *Care*-Arbeit oft Freude macht, ist zwar richtig. Das gilt aber hoffentlich auch für die Arbeit von Anwälten, Unternehmerinnen oder Professoren, denen es im Allgemeinen leicht gelingt, Freude an der Arbeit mit anständigen Löhnen zu vereinbaren. ■

Ina Praetorius

Glück, Arbeit und Geld

Im November 2019 habe ich einen Vortrag von Mathias Binswanger gehört, einem ziemlich einflussreichen Ökonomen. Es ging um Glück, Arbeit und Geld. Das war lustig. Mathias Binswanger liebt es nämlich, uns die Widersprüche vorzusetzen, mit denen wir uns normalerweise einfach arrangieren. Zum Beispiel so: Arbeit macht glücklich, und Arbeit macht unglücklich. Dasselbe gilt für keine Arbeit. Was folgt daraus? Oder so: Von einem gewissen Wohlstandsniveau an aufwärts sind Leute nicht glücklich, weil sie sich viel leisten können, sondern weil sie sich mehr leisten können als andere. Warum? Keine Ahnung.

Am Schluss war von *Care*-Arbeit die Rede: *Care*-Arbeit sei wichtig für ein glückliches Leben, meinte Binswanger. Und je mehr wir uns daran gewöhnen, dass alles und jedes bezahlt wird, desto größer werde das Bedürfnis nach „echter“ Fürsorge. Echt in Anführungszeichen.

Was ist „echt“?

Gemeint ist wahrscheinlich, dass viele Leute finden, dass *Care*, also Zuwendung, also Liebe keine richtige Liebe ist, wenn sie bezahlt wird. Und dass die Leute aber richtige Liebe wollen, weil die glücklicher macht als Geld. Wenn zum Beispiel der Pfleger im Krankenhaus nett zu mir ist, dann weiß ich nicht, ob er nett ist, weil er mich nett findet, oder ob er nur nett tut, weil er Geld fürs Nettsein kriegt. Bei deiner Mutter war das damals nämlich so: Sie hat dich liebgehabt, weil du du bist, und nicht, weil dein Papa ihr ein neues Auto versprochen hat. Höchstwahrscheinlich jedenfalls. Und diese Art von echter Liebe, die wollen wir, ohne Anführungszeichen. Je geldversessener die Welt wird, desto mehr wollen wir echte Liebe.

Irgendwo habe ich gelesen ...

... dass manche Eltern es gut finden, wenn Kita-Betreuer*innen extra wenig verdienen. Warum? Weil sie wollen, dass ihre Kinder von Idealisten gehütet werden, nicht von Typen, die sich benehmen wie Bankerinnen. Das wäre dann wohl auch dieses Bedürfnis nach „echter“ *Care*-Arbeit: Für Liebe darf man nicht viel verdienen, weil es sich sonst eventuell um etwas anderes als Liebe handelt: Geldgier zum Beispiel oder Lust auf ein neues Auto. Und weil „echte“ Liebe glücklich macht, brauchen Betreuer ja auch nicht so viel Geld für die Arbeit in der Kita, weil sie ja schon glücklich sind und deshalb kein neues Auto brauchen. Logisch. Obwohl nein.

Oder vielleicht so

Echte *Care*-Arbeit macht glücklich, und echte *Care*-Arbeit macht unglücklich. Dasselbe gilt für unechte *Care*-Arbeit. Was allerdings ziemlich sicher nicht glücklich macht, ist gar kein Geld. Oder zu wenig Geld. Und vielleicht ist der Pfleger im Krankenhaus ja auch heute nett, weil er mich nett findet, und morgen, weil er glücklich ist, und vorgestern, weil er Geld dafür bekommen hat. So wie damals deine Mutter, der du das Auto gönnst, das ihr dein Papa eines Tages doch noch gekauft hat, weil sie dich echt liebt und er zum Liebhaben leider keine Zeit hat, weil er Geld verdienen muss.

Obwohl: Gibt es „echte“ *Care*-Arbeit, wenn sogar Mütter manchmal Autos dafür kriegen? Obwohl sie gar kein Geld haben? Und was machen wir jetzt mit den Anführungszeichen und den Betreuerinnen in der Kita? ■ Ina Praetorius

Dritter Teil

Anders sehen, anders sprechen

Hebammenkunst Philosophie

Eine Hebamme stand am Anfang dessen, was man „die westliche Philosophie“ nennt. Von seiner weisen Lehrerin Diotima hat Sokrates, der Ur-Philosoph, selbst Sohn einer Geburtshelferin, gelernt: Wie die Hebamme durch kluges Tun einer Frau das Gebären erleichtert, so können Denkerinnen durch besonnenes Fragen Einsicht zur Welt bringen.

Heute ist in philosophischen Seminaren zwar zuweilen noch von *Maieutik* die Rede: von der erkenntnisfördernden Gesprächsführung, die man einst von den Hebammen gelernt hat. Die Vorstellung aber, wirkliche Fachfrauen der Geburt könnten eine besonders enge Beziehung zum Denken haben, wirkt befremdlich: Philosophie findet im Hörsaal statt, Hebammenkunst im Gebärsaal. Die Kompetenzbereiche sind säuberlich getrennt: hier der Körper mit seinen Bedürfnissen, dort die Höhenflüge des Geistes.

Reisen ins Unbekannte

„Seit Urzeiten ... war Schwangerschaft eine Reise ins Unbekannte. Und das wird auch so bleiben.“ [69]

Dieser wahre Satz, der nicht nur für die Schwangerschaft, sondern für alles Leben gilt, stammt von Barbara Katz Rothman. Seit Jahrzehnten verfolgt die US-amerikanische Soziologin die Debatten um die so genannten Reproduktionstechnologien. Dem Wahn, das Leben technisch kontrollier- und perfektionierbar zu machen, stellt sie zuversichtlich das „Hebammenmodell“ der menschlichen Existenz gegenüber: Der Jahrtausende alten Weisheit der Geburtshelferinnen zufolge lässt sich die immer wieder neu und anders aufregende Expedition in die nächste Generation sorgsam und liebevoll begleiten, niemals aber im Sinne einer Herstellungslogik absichern und planen.

Das Hebammenmodell der menschlichen Existenz

Wir entdecken heute das Denken der Geburtshelferinnen neu und entwickeln es weiter. „Philosophie" heißt nämlich, wörtlich aus dem Altgriechischen übersetzt „Liebe zur Weisheit". Ursprünglich war das philosophische Nachdenken als nützlicher Teil des menschlichen Zusammenlebens gedacht. Es sollte politische Entscheidungen begleiten und den Menschen leben helfen. Aber schon bald sperrte man es in eine „höhere" akademische Welt ein, zu der nur „gebildete" Männer Zugang hatten und die deshalb immer mehr um sich selbst kreiste. Heute greift die akademische Philosophie zuweilen in Form von „Ethikkommissionen" wieder ins Weltgeschehen ein. Das ist ein Fortschritt gegenüber wissenschaftlicher Selbstgenügsamkeit, aber noch nicht das Ende der Geschichte. Denn stand nicht eine Hebamme am Anfang dessen, was wir „Philosophie" nennen? Sollten wir nicht sie fragen? Sollten wir nicht ihr Wissen, das man weitgehend zum Schweigen gebracht hat, auf den Begriff und neu ins Spiel bringen?

Barbara Katz Rothman hat mit der zukunftsweisenden Idee des Hebammenmodells der menschlichen Existenz einen Anfang gesetzt. Daran knüpfen wir heute an und gehen weiter. ■

Ina Praetorius

Oikonomia: Die Lehre vom guten Haushalten

Denkt eigentlich heutzutage irgendwo irgendwer grundsätzlich darüber nach, was Wirtschaft ist und wozu sie dient? So wie zum Beispiel Aristoteles vor ungefähr 2300 Jahren in seinem Buch „Politik“? Ja, hier, ich! Als Theologin muss ich keine Ökonomin fragen, wenn ich wissen will, was Ökonomie ist. Schließlich habe ich Griechisch gelernt: *Oikos* heißt Haus oder Haushalt. *Nomos* heißt Gesetz oder Lehre. Die *Oikonomia* ist die Theorie und Praxis des guten Haushaltens.

Alles, was Menschen zum Leben brauchen

Haushalte, *Oikoi*, haben laut Aristoteles die Aufgabe, dafür zu sorgen, dass alle Hausbewohnerinnen und -bewohner bekommen, was sie zum Leben brauchen. Das *World Economic Forum*[70] von Davos wäre demnach eine Veranstaltung, bei der man darüber nachdenkt, wie acht Milliarden Bewohner*innen des Großhaushalts Welt mit allem Lebensnotwendigen versorgt werden. Und zwar wirklich alle, auch Kinder und Kindeskinder. Oder gibt es einen guten Grund, unseren Nachkommen das gute Leben im Welthaushalt zu verwehren, das wir Gegenwärtigen für uns beanspruchen?

Das kleine gelbe Schulbuch „Grundwissen Wirtschaft“ von Günter Ashauer, mit dem ich mir vor vielen Jahren wirtschaftswissenschaftliche Elementarbegriffe angeeignet habe, bestätigt den etymologischen Befund:

„Es ist Aufgabe der Wirtschaftslehre zu untersuchen, wie die Mittel zur Befriedigung menschlicher Bedürfnisse am sinnvollsten hergestellt, verteilt und ge- oder verbraucht werden.“[71]

Das hört sich ganz ähnlich und ebenso schlicht an wie die Definition des Ethikers Peter Ulrich:

„Arbeitsteiliges Wirtschaften ist eine gesellschaftliche Veranstaltung zur Befriedigung menschlicher Bedürfnisse der Lebenserhaltung und der Lebensqualität."[72]

Zurück zum Kerngeschäft

Und nun? Wo wird eine *Oikonomia* betrieben, die den Namen verdient?

Sicher nicht dort, wo so genannte Expert*innen nur zählen, was Geld einbringt. Wo sie den erwiesenermaßen größten Wirtschaftssektor, die unbezahlte *Care*-Arbeit, wider besseres Wissen wegdenken. Indem sie ihn als außerökonomische Sphäre, als „etwas Anderes" behandeln, ihn gleichzeitig stillschweigend als Ressource nutzen und manchmal heiligsprechen. Ganz ähnlich, wie man auch „die Natur" ausbeutet und manchmal heiligspricht, ohne ihren Wert und ihre Grenzen zu achten.

Befriedigt denn ein Mittagessen zuhause kein Bedürfnis, bloß weil man nicht wie im Restaurant dafür bezahlt? Ist Atmen kein Bedürfnis, weil Luft geschenkt ist?

Warum ist es wichtig, auf die Grundbedeutung der *Oikonomia* zurückzukommen? Weil Ökonominnen und Ökonomen viel Einfluss haben und wir es uns als Menschheit nicht leisten können, unser Überleben in die Hände von Leuten zu legen, die unsere Lebensgrundlagen geringschätzen, obwohl ihre selbstgesetzte Aufgabe darin besteht, eben diese Lebensgrundlagen zu sichern. Wirtschaft ist *Oikonomia*. *Oikonomia* ist Welthaushalten. Und Welthaushalten bedeutet, umsichtig und klug füreinander und für die Welt zu sorgen. ■

Ina Praetorius

Jeder Mensch ist erstmal ein Baby

Im Jahr 1992 habe ich in Heidelberg zur Frage promoviert, wen Theologen meinen, wenn sie „der Mensch“ sagen, was sie häufig tun.[73] Ich habe dafür neun Lehrbücher der deutschsprachigen protestantischen Ethik untersucht, die in den Jahren 1953 bis 1988 erschienen sind, dazu das „Handbuch der christlichen Ethik“ und die Jahrgänge 1981 bis 1990 der „Zeitschrift für Evangelische Ethik“.

Der Mensch: ein erwachsener weißer Familienvater

Das Ergebnis: „Der Mensch“ der deutschsprachigen Theologie war mindestens bis 1990 ein weißer Familienvater mittleren Alters. Frauen erscheinen als natürlicherweise auf Mann und Kind bezogene Untergattung, der Rest der Menschheit – Kinder, Alte, Leute nichtweißer Hautfarbe und nichtchristlicher Zugehörigkeit etc. – als „die Anderen“, nicht selten als „die Schwachen“.

Und wen meinen Ökonominnen und Ökonomen, wenn sie „der Mensch“ sagen? Das mögen andere erforschen. Sicher scheint mir: Auch sie meinen meistens keine Säuglinge. Denn befänden sich die menschlichen Neulinge in ihrem Blickfeld, gar in dessen Zentrum, würden sie erkennen, dass „der Mensch“ abhängig von der Zuwendung anderer ist. Mit einem Kind-zentrierten Weltbild würden Theologinnen wie Ökonomen und alle anderen begreifen, dass Menschen nicht von Natur aus Geld besitzen und dass sie rundum versorgt, gefördert, geschützt, begleitet werden müssen. Nur so können sie nämlich als *homines oeconomici*, als Fachkräfte und brave Konsument*innen täglich einsatzbereit auf der Matte stehen.

Menschenrechte

Die Menschheit hat sich in langen Kämpfen für allgemeine und gleiche Menschenrechte entschieden. Deshalb gilt für uns Heutige, was in der Antike und im Mittelalter noch nicht Konsens war: Säuglinge sind ohne jeden Zweifel Menschen, genau wie weiße bürgerliche Familienväter. Außerdem sind sie, anders als wir *Boomer*innen*, der Anfang der Zukunft der Menschheit.

Neugeborene Kinder statt wohlsituierte Bürger theoretisch und praktisch in die Mitte zu nehmen, hilft nicht nur, den größten Wirtschaftssektor der un- und unterbezahlten *Care*-Arbeit ins Zentrum allen Wirtschaftens zu rücken. Es öffnet auch Sinne und Verstand für die Herausforderungen der Zukunft: Wer sich wünscht, dass die Menschheit trotz der Klimakrise weiter besteht, muss wissen, dass „der Mensch" abhängig ist, nicht nur von Mitmenschen, sondern auch von Wasser, Erde, Luft, Pflanzen und Tieren und allem, was sie hervorbringen. Der Begriff *Natur* leitet sich vom lateinischen Verb *nasci* ab. *Nasci* heißt *Geboren werden*. Natur ist nicht die „Umwelt", die „der Mensch" von oben herab kontrollieren kann, noch nicht einmal, wenn er ein weißer Familienvater im so genannt besten Alter ist. Natur sind wir selber. Alle. ■

Ina Praetorius

Kostenkrankheit ist Menschengesundheit

Zahlen werden nicht krank. Nur lebende Wesen, Menschen, Tiere, Pflanzen, werden krank.

Oder doch?

In den Sechziger Jahren des vergangenen Jahrhunderts hat aber ein amerikanischer Ökonom namens William Jack Baumol den Begriff der „Kostenkrankheit" erfunden.[74] Krank sind seinen Analysen zufolge die Kosten von Dienstleistungen. Oder genauer: Krank ist das Verhältnis der Kosten von Arbeit, die in die Herstellung standardisierter Dinge, zum Beispiel Computer, Unterhosen oder Streubomben investiert wird, zu den Kosten von Tätigkeiten, die direkt die Bedürfnisse einzelner Personen befriedigen und die Ökonom*innen deshalb „personenbezogene Dienstleistungen" nennen: Pflege, Erziehung, Beratung, Seelsorge und so weiter.

Warum scheint dieses Verhältnis Herrn Baumol als krank? Weil solche Dienstleistungen sich nicht auf dieselbe Weise takten und beschleunigen lassen wie die Produktion von Dingen: Kinder lassen sich nicht immer schneller erziehen, Krankenpflege lässt sich nur begrenzt an Maschinen delegieren. Weil aber die Leute, die solche Dienste leisten, trotzdem einen Lohn beziehen müssen, um zu überleben (jedenfalls, bevor wir ein bedingungsloses Grundeinkommen eingeführt haben), wird ihre Arbeit im Verhältnis zur industriellen Produktion von Dingen immer teurer. Was teurer wird, erscheint aber derjenigen, die zahlen muss, als „krank".

Teuer ist krank, billig ist gesund

Was sind überhaupt „Kosten"? Kosten sind die Zahlen, die in einer betriebswirtschaftlichen Rechnung auf der Ausgabenseite stehen. Also alles, was eine Unternehmerin investieren muss, damit das von ihr gewünschte Produkt entsteht: Material, Löhne, Zeit, Erfindungsgeist und so weiter, ausgedrückt in Geld, also in Zahlen. Aus der Perspektive der Unternehmerin hat es also eine gewisse Logik, höhere Kosten „krank“ zu nennen, zumindest dann, wenn ich voraussetze, dass jede Unternehmerin so billig wie möglich produzieren will. Obwohl auch unter dieser Voraussetzung, die mir irgendwie zwanghaft erscheint, Zahlen nicht krank werden können.

Und manchmal ist es umgekehrt

Wenn ich mir nun aber die ganze Geschichte nicht mit den Augen der prinzipiell sparsamen Unternehmerin anschaue? Sondern mit denen einer kranken Person, die zwar vielleicht auch nicht übertrieben viel für Arztbesuche bezahlen, die aber vor allem gesund werden will? Oder mit den Augen eines Kindes, das so lange mit dem Papa spielen will, wie es Lust hat? Ist dann die Zeit, die der Arzt sich zum Zuhören und die der Vater sich zum Mitspielen nimmt, auch „krank“? Sind eine zuhörende Ärztin und ein spielender Papa nicht vielmehr ziemlich gesund?

Und dies ist die Moral von der Geschichte: Liebe Ökonominnen und Ökonomen, passt in Zukunft besser auf, welche Wörter ihr auf welche Wirklichkeiten klebt. Es könnte euch sonst im postpatriarchalen Durcheinander passieren, dass eine daherkommt und beweist, dass ihr das Ganze genau falschherum seht. Weil nämlich gesund ist, was ihr „krank“ nennt: genug Zeit zum Leben, so lange es dann eben dauert. ■

Ina Praetorius

Wer ist produktiv?

Ein Professor der Wirtschaftswissenschaft erklärt mir, es sei „zu kompliziert“, den größten Wirtschaftssektor ins Bruttoinlandsprodukt einzubeziehen. Der Ombudsmann des Schweizer Fernsehens weist eine Programmbeschwerde mit dem Argument ab, es sei „zu kompliziert“, in einer Reportage über Betreuungskosten den Wert der Gratisleistungen einer betreuenden Ehefrau zu berechnen.[75] Der Chefredakteur der Handelszeitung schreibt mir, es handle sich bei der Haushaltsproduktion doch um Akte der „Zuneigung, Verantwortung und Freude“, weshalb sie nicht honoriert werden müsse.[76] Und dann kommt noch einer daher und säuselt, es widerstrebe ihm, Schwangerschaft und Gebären als „Produktivität“ zu bezeichnen, weil das Werden eines Ichs im Mutterleib doch ein staunenswertes Wunder sei, das mit ökonomischen Begriffen zu bezeichnen die Heiligkeit des Lebens verletze.

Heilig oder profitabel

Dass man das vermischte Tun der Mütter und Hausfrauen einschließlich Gebären und Stillen als *kompliziert* empfindet und moralisch auf einem anderen Stern ansiedelt als das Bruttoinlandsprodukt, liegt nun allerdings nicht daran, dass dieses Tun tatsächlich heiliger wäre als zum Beispiel der Umgang mit Tieren und Pflanzen in der Landwirtschaft oder das Hantieren mit seltenen Erden in der Chip-Industrie. Es liegt vielmehr daran, dass man uns an einen abstoßend seelenlosen Produktivitätsbegriff gewöhnt hat. Was „Produktivität“ bedeutet, hat Adam Smith, ein wichtiger Gründervater der Wirtschaftswissenschaft, am Beispiel der arbeitsteiligen Herstellung von Stecknadeln in einer Werkstatt erläutert.[77] Mir kommen als Erstes Autos auf Fließbändern in den Sinn. Produktion sollen wir uns demnach als Mechanik vorstellen: Möglichst wenige Arbeiter sollen in möglichst kurzer Zeit möglichst viele identische Gebrauchsgegenstände fabrizieren, die ihr Boss dann möglichst gewinnbringend verkauft.

Interessanterweise fällt mir dazu Barbara Dürer-Holper ein, die zwischen 1467 und 1492 achtzehn Kinder geboren hat, von denen drei erwachsen wurden, darunter der Maler Albrecht Dürer, dessen Bilder der ganzen Familie zu Wohlstand verhalfen. Vermarktet hat die Bilder übrigens Albrechts kinderlose Ehefrau Agnes Frey.

Wer ist hier wie produktiv oder unproduktiv?

Ein überlebenskompatibler Begriff von Produktivität

Wo enden skalierbare Herstellungsprozesse, wo beginnt das heilige Wunder des Lebens? Zum Glück ist es heute verboten, Menschen zu verkaufen, weshalb Mütter ihre Erzeugnisse nicht auf direktem Wege in Profit verwandeln können. Es sollte aber auch verboten sein, Gegenstände wie Motorräder oder Plastiktüten so herzustellen, als bestünden sie aus toten Zahlen und nicht aus der endlichen Materie, mit der die Menschheit sorgsam umgehen muss, will sie im empfindlichen Großhaushalt Erde überleben.

Statt die generative Arbeit in Haushalten gegen eine fragwürdig mechanistische Vorstellung vom menschlichen Zusammenleben abzuschotten, könnten wir ein Verständnis von Produktivität entwickeln, das *alles* Erzeugen als Zusammenwirken geborener Menschen mit endlicher lebendiger Materie begreift. Die Etymologie inspiriert: *Pro-ducere* bedeutet einfach *hervorführen, hervorbringen, begleiten,* und *Materie* hängt mit *Mater (Mutter)* zusammen. ■ **Ina Praetorius**

Systemrelevante Berufe sind produktiv

Im Dezember 2020 veröffentlichte die Bertelsmann Stiftung eine Studie zur Lohneinkommensentwicklung bis 2025.[78] Ihr Fazit ist brisant: Berufe, die in der zweiten Welle der Corona-Pandemie erneut als „systemrelevant" ins Blickfeld gerückt sind, werden bei Gehaltserhöhungen bis 2025 das Nachsehen haben. Begründet wird die scheinbar zwangsläufige Entwicklung mit dem geringen Produktivitätswachstum in den arbeitsintensiven Branchen des Gesundheits- und Sozialwesens oder des Einzelhandels. Es werde nur etwa halb so hoch ausfallen wie im verarbeitenden Gewerbe und der Chemie- und Elektroindustrie.

Systemrelevante Arbeit gilt als „unterdurchschnittlich produktiv"

Der Studie zufolge werden die Einkommen von Besserverdienenden am stärksten zulegen, besonders die von kinderlosen Paaren. Mit Nachteilen müssen dagegen berufstätige Frauen rechnen. Sie werden auch 2025 nur rund 60 Prozent des Bruttoverdienstes der Männer erreichen. Für diese Prognose nennt die Stiftung zwei Gründe: Frauen seien häufig in unterdurchschnittlich produktiven Wirtschaftszweigen beschäftigt, und sie arbeiteten oft in Teilzeit. Während Männer mit minderjährigen Kindern zu fast 94 Prozent in Vollzeit arbeiten, sind es bei den Frauen nur 34 Prozent. Daher sei es kaum verwunderlich, dass Frauen bei der Einkommensentwicklung benachteiligt sind. Die Lohnlücke werde sich gegenüber 2017 um weitere 1.800 Euro vergrößern.

Wer jetzt glaubt, die gut bezahlte Forschungsgruppe würde Empfehlungen aussprechen, wie diesem Dilemma zu entkommen ist, wird enttäuscht: Es gibt keine. Man verbleibt unbeirrt in der geldfixierten Logik neoklassischer Wirtschaftsmodelle: *Care*-Arbeit gilt als „produktivitätsschwacher“ Kostenfaktor. Punkt. Unerwähnt bleibt im Übrigen, dass Frauen zusätzlich zur scheinbar zwangsläufig unterbezahlten auch noch die Last der unbezahlten Sorge- und Versorgungsarbeit übernehmen. Die „Ungerechtigkeitsmaschine“, wie Mascha Madörin diese Logik nennt,[79] läuft also weiter wie geschmiert.

Gesucht: ein neues Verständnis von Produktivität

Was es statt der Ungerechtigkeitsmaschine braucht, ist eine angemessene Bewertung arbeitsintensiver Dienstleistungsberufe und unbezahlter *Care*-Arbeit. Im Rahmen der Bewältigung der diversen Krisen unserer Zeit stellt diese grundlegende Neubestimmung von Produktivität eine der großen Zukunftsaufgaben dar. Praxistaugliche Überlegungen, wie Finanzströme für die sozial-ökologische Transformation umgelenkt werden können, müssen folgen. Ein Teil wäre durch Digitalisierungsgewinne und durch eine *Care*-Abgabe[80] zu finanzieren. Ebenso notwendig ist es, Steuerschlupflöcher zu schließen. Abgaben für Immobilien oder Erbschaften, wie sie der Internationale Währungsfonds (IWF) fordert, können helfen, die Transformation zu finanzieren. ■ **Uta Meier-Gräwe**

Ein Fest der Geburtlichkeit

Seit dem 4. oder 5. Jahrhundert feiert die Christ*innenheit alle Jahre wieder ein Fest der Geburtlichkeit: Weihnachten.[81] Es gibt dafür zwar Anhaltspunkte in der Bibel, vor allem die Erzählungen über die Geburt des Jesus von Nazaret im Lukas- und im Matthäusevangelium. Dass Weihnachten aber bis heute weit über christliche Milieus hinaus geradezu frenetisch gefeiert wird, vor allem auf der Nordhalbkugel und besonders im säkularisierten Westen, liegt weniger an den alten Geschichten von Maria und Josef, Krippe, Hirten und Königen.

Sonnenwende: Neuanfang

Vielmehr wurden zur Zeit der Wintersonnenwende schon lange vor den Anfängen des Christentums Feste gefeiert, zum Beispiel das Fest des Sonnengottes. Die römische Obrigkeit befahl nach ihrer Bekehrung zur neumodischen orientalischen Religion „Christentum", gegen jede historische Korrektheit, das Fest fortan als Geburtstag des Heilands Jesus Christus zu begehen. Obwohl das Geburtsfest also ursprünglich eine kaiserliche Order war, hat es sich durchgesetzt. Warum? Wahrscheinlich, weil es einem menschlichen Bedürfnis entspricht, Lichter anzuzünden, wenn es am dunkelsten ist, und einander gleich auch noch zu versichern, dass alles gut wird, sobald die Sonne wieder länger und wärmer scheint. Ein Zeichen für diese Zuversicht sind Geschenke, die wir einander machen, weil wir an eine gute Zukunft glauben. Im Übrigen macht es Spaß, sich gemeinsam auf den Frühling zu freuen und darüber, dass immer wieder neue Menschen das Zusammensein beleben wie Baby Jesus.

Spielverderber*innen

Aufrechten Christen und Theologieprofessor*innen ist die allgemeine Geburtsbegeisterung allerdings verdächtig. Sie nennen sie herablassend „Volksfrömmigkeit" und finden, dass in die Mitte kein Baby, sondern ein erwachsener Mann gehört, in diesem Fall der gekreuzigte und auferstandene Herr, und das Osterfest. Und wie der heidnische Christbaum und die kolonialwarendurchsetzten Lebkuchen gehört auch die säuerliche Klage über den „Kommerz" zum Weihnachtsritual: Die Leute sollen endlich stillsitzen und den Pfarrdamen und -herren zuhören, statt zu tun, was die Hirtinnen und Könige taten: losrennen, an Sternzeichen glauben und im Luxus schwelgen.

Wir postpatriarchalen Nativlinge[82] wissen aber ganz gut, warum uns das Geburtsfest in Ekstase versetzt: Kein Herr, auch kein Herr Gott hält mehr die Mitte unserer Welt besetzt. In die Mitte gehört das neugeborene Kind, das so sehr Urbild alles Menschlichen ist, dass wir es sogar „Gott" nennen: glitschig, strampelnd, schreiend, fürsorgeabhängig, neugierig, frei. Von der noch dominanten religiösen Matrix des „christlichen Abendlandes" her könnten wir also *easy* diverse Herren und auch den Herrn *homo oeconomicus* vom Thron heben. Wir müssen uns dafür bloß trauen, das Christ*innentum postpatriarchal zu deuten. ■ Ina Praetorius

Care-Freitag und Ostern

Die Woche vor dem Osterfest begehen Christ*innen als „Karwoche“. Im Haus meiner Älteren, die nicht besonders fromm, aber kulturell angepasst lebten, herrschte zu Beginn dieser Woche Geschäftigkeit, dann wurde es still. Am Freitag schließlich duldete meine sonst so tolerante Tante nicht mehr, dass meine Schwester und ich in ihrem Wohnzimmer Radau machten. Es sei *„der höchste Feiertag von uns Evangelischen“*, sagte sie, und es sei ein trauriger Tag, weil an ihm *„der Herr Jesus ans Kreuz geschlagen“* worden sei.

Kar und *Care*

Im Duden Herkunftswörterbuch steht, vom althochdeutschen Wort „Kara“ sei im modernen Deutsch nur noch die Vorsilbe „Kar“ übriggeblieben. Dieses Wort habe einst „Klage, Trauer“ bedeutet und entspreche dem gotischen Begriff „chara“, der seinerseits mit dem englischen Verb „to care“ verwandt sei. „To care“ bedeutet: *sich sorgen, versorgen, sich in Sorgfalt üben, fürsorglich sein, pflegen.*

Tatsächlich haben die Freundinnen und Freunde des Wanderpropheten Jesus von Nazaret nicht nur getrauert, als er seinen Weg ans Kreuz antrat und starb. Zwar heißt es, einige seiner Vertrauten hätten sich versteckt, wohl aus Angst, selbst verhaftet zu werden. Aber seine Freundinnen, darunter die Mutter Maria, seien bei ihm geblieben. Josef von Arimathia, ein wohlhabender Sympathisant der Jesusbewegung, habe sich, so wird berichtet, beim römischen Statthalter Pilatus die Genehmigung geholt, Jesus zu bestatten. Am nächsten Tag, dem Pessachfest, hätten dann die Frauen „Duftöle und Salben“ zubereitet (Lukas 23,55), die sie am nächsten Morgen zum Grab trugen, um den Leichnam einzubalsamieren. Wer sich in der Bibel auskennt, weiß, wie die Geschichte weitergeht: Die Frauen finden das Grab leer. Seltsame Lichtgestalten sagen ihnen, der Messias sei nicht tot, sondern aufgestanden.

Wenn jemand stirbt, sind auch heute noch Menschen da, die sich um die Bestattung kümmern. Und wer gebrechlich oder krank ist, hat, wenn alles gut geht, Leute um sich, die pflegen und begleiten. An leidenden Menschen zeigt sich besonders deutlich, wie fürsorgeabhängig alle sind, vom ersten bis zum letzten Lebenstag: Babys, die Neuankömmlinge, brauchen zunächst Rundumversorgung. Später werden zwar die meisten „selbstständig". Selbstständigkeit bedeutet aber nicht Unabhängigkeit. Könnten denn gesunde Erwachsene überleben, wenn andere nicht für sie Häuser, Straßen, Wasserleitungen und Kanalisationen bauen, Getreide züchten, Waren in den Supermarkt transportieren, Mahlzeiten kochen, aufräumen, putzen, zuhören, Sinn stiften würden?

Aufstehen

Jesus ist bis heute interessant, weil er einen Zugang geöffnet hat in eine Art zu leben, die Fürsorge – *care, caritas* – in die Mitte von allem stellt: Nicht um groß herauszukommen, als *Winnerin* unter *Losern*, bin ich in der Welt, sondern um täglich in Freiheit zu nähren, was mich als fürsorgeabhängiges Mensch immer schon nährt: das Leben. Zum Glück feiern schon viele christliche und weniger christliche Leute die Karwoche als *Care*-Woche und ihr Dasein als Sorge für sich, für andere und für die Welt. Man kreuzigt sie nicht mehr, aber man drängt sie immer noch an den Rand. Wenn sich ihre Lebenspraxis herumspricht, wenn sie sich über den Globus ausbreitet, dann wird Auferstehung sein. Dann ist Ostern. ■

Ina Praetorius

Ein neues Wort: Mehrfacherfüllung

Der Begriff „Doppelbelastung" stammt ursprünglich aus der Finanzwissenschaft und bedeutet, dass der Staat einen Wert durch zwei Steuern, zum Beispiel Lohn- und Körperschaftssteuer, belastet. Wer aber heutzutage „Doppelbelastung" hört, sieht eine Frau vor sich, die von Termin zu Termin hetzt, weil sie erwerbstätig ist und gleichzeitig eine Familie versorgt.

Auszug aus dem Hausfrauenleben

Warum haben Frauen eigentlich aufgehört, sich als das wohlzufühlen, was man heute abschätzig eine „Nur-Hausfrau" nennt? Der wichtigste Grund war wohl, dass sie genug hatten von finanzieller Abhängigkeit. Und sie wollten die Welt mitgestalten. Einige wollten vielleicht auch einfach „sein wie Männer", weil sie feststellten, dass es Männer waren, die anerkannt wurden und weitreichende öffentliche Entscheidungen fällten.

Nun verschwindet allerdings die Hausarbeit nicht, wenn alle Erwachsenen sich außer Haus verausgaben. Selbst wer die modernsten Haushaltsgeräte besitzt, muss noch Einkäufe planen, den Tisch decken, Kinder trösten, den Müll entsorgen und all die kleinen Dinge tun, die eine Wohnung wohnlich machen. Und genau hier entsteht für Frauen, die „wie Männer sein" und für Männer, die sich nicht ändern wollen, eine Belastung, mit der sie nicht gerechnet haben: Was sie „das Leben" oder „Feierabend" genannt haben, passiert nicht einfach von selbst, sondern will erarbeitet sein. Weil es keine „guten Geister" mehr gibt, die stolz auf die Unsichtbarkeit ihrer Arbeit sind, entsteht, was wir „Doppelbelastung" nennen.

Ist jetzt alles Last?

Der Übergang von der klassischen Hausfrauenehe zur Berufstätigkeit aller hat viele gute Gründe. Kaum jemand kann sich noch ein Dasein „nur zuhause" vorstellen. Aber wenn eine reiche Gesellschaft, in der es von allem mehr als genug gibt, das ganze Leben als Bürde empfindet, dann sind wir wohl noch nicht am Ziel: Geldverdienen ist lästig, weil es die Arbeit im Haus zum zusätzlichen Stress macht. Hausarbeit ist lästig, weil sie den Feierabend stört. Arbeitswege sind lästig, weil sie zusätzlich Zeit kosten. Für Freizeit bleibt kaum mehr Energie übrig. Und schließlich: Kinder sind lästig, weil sie noch mehr Arbeit machen und noch mehr Geld kosten. Es scheint, als hätten sich patriarchal geordnete Familienverhältnisse noch nicht in die erwünschte Bewegungsfreiheit verwandelt, sondern in Dauerstress.

Sprache und Wirklichkeit in Bewegung setzen

Dabei haben wir Frauen jetzt eigentlich erreicht, was wir wollten: Wir sind überall in der Gesellschaft anzutreffen, in Regierungen und Chefetagen, in Universitäten und Medien und immer noch in Haushalten, wo wir, genau besehen, nicht einfach einen zusätzlichen Stressjob machen, sondern das Zusammenleben gestalten mit den Menschen, die wir lieben. Es gibt noch viel zu tun. Vielleicht könnten wir damit beginnen, das postpatriarchale Leben versuchsweise anders zu nennen: *Mehrfacherfüllung*? ■

Ina Praetorius

Ein neues altes Wort: Daseinskompetenz

Dass menschliches Zusammenleben gelingt, ist kein Naturgesetz, sondern beruht weitgehend auf gelernten Fähigkeiten. Deshalb sind alle Menschen, wenn sie in die Welt eintreten, darauf angewiesen, dass Ältere ihnen Nahrung, Kleidung, Schutz, Sprache, Sinn und die Grundregeln des Zusammenlebens vermitteln. So werden wir allmählich zu Personen, die sich in der Welt orientieren und ihrerseits andere nähren und Jüngere ins Zusammenleben begleiten können. Eltern, das sind im Grunde alle Älteren.

Vermeintlich selbstverständlich

Lange hat man sich darauf verlassen, dass Mütter und andere in so genannten Privatsphären tätige Menschen – mehr Frauen als Männer – gratis und ohne öffentliche Anerkennung die ersten Bedürfnisse kleiner Kinder befriedigen und ihnen grundlegende Kompetenzen des Zusammenlebens weitergeben: die Fähigkeit, für sich selbst zu sorgen, mit eigenen Ausscheidungen sachgemäß umzugehen, Konflikte friedlich auszutragen, Versprechen zu halten, sich zu gedulden, dankbar zu sein, einfache Mahlzeiten zuzubereiten und so weiter.

In der patriarchalen Ordnung, die gewohnheitsmäßig das Erste mit dem Zweiten verwechselt, galten Grundkenntnisse der Muttersprache, der Moral, der Hauswirtschaft und des geordneten Zusammenlebens als naturwüchsige und damit selbstverständlich vorhandene Voraussetzung der Fähigkeiten, die später in formalisierten, staatlich oder in Märkten vermittelten Bildungsprozessen erworben werden. Entsprechend werden heute vor allem diese später erworbenen Fähigkeiten als „Kompetenzen“ wahrgenommen und systematisch überbewertet: Schulwissen, Fremdsprachenkenntnisse, spezialisiertes technisches Wissen etc. gelten fälschlicherweise als wichtiger und werden meistens gut bezahlt. Diese Fehlbewertung führt oft zu Problemen und zur Überlastung derjenigen, von denen man erwartet, dass sie weiterhin stillschweigend und unsichtbar an der Basis des Zusammenlebens tätig sind.

Aufmerksamkeit für Grundlegendes

Der Begriff „Daseinskompetenz" macht sichtbar und ruft ins Bewusstsein zurück, dass sekundäre Fähigkeiten nur von Menschen erworben werden können, die bereits gelernt haben, sich im menschlichen Zusammenleben sinnvoll zu bewegen. Der Begriff der Daseinskompetenz wurde bereits im Fünften Familienbericht der deutschen Bundesregierung (1995)[83] verwendet, hat sich aber bis heute nicht in einer breiteren Öffentlichkeit durchgesetzt. Er könnte in Zukunft dazu dienen, die grundlegenden Fähigkeiten und Tätigkeiten des menschlichen Zusammenlebens und ihre Vermittlung in der Haushaltsproduktion sichtbar zu machen und neu zu bewerten. ■

Ina Praetorius

Bubblecrossing: Kochrezepte und Milliardengewinne

Dies sind drei Überschriften aus dem *Handelsblatt* vom 10. Februar 2022:

- *Beispielloser Boom beim Auftragseingang: Siemens mit starkem Start ins neue Jahr*
- *Markt mit dreistelligem Milliardenvolumen: Douglas greift im Apothekengeschäft an*
- *Hohe Kosten, teure Skandale, geringe Erträge: Credit Suisse fällt in die roten Zahlen zurück*

Brigitte online titelte am selben Tag:

- *Das schmeckt! Diese fluffig-saftigen Apfel-Blondies sind in 15 Minuten zubereitet!*
- *Denkste! 5 Mythen über die perfekte Partnerschaft, die einfach nicht stimmen*
- *Angelina Jolie: So perfekt vereint sie Seriosität und Eleganz*

Beautytipps und Milliardengeschäfte

Während die „Brigitte" nach wie vor selbstverständlich als „Frauenzeitschrift" gilt, nannte man das Handelsblatt nie „Männerzeitung". Warum nicht? Weil man uns schon damals, als es noch eindeutig eine war, beigebracht hat, dass alles, was Bosse sagen und tun, grundsätzlich für die gesamte Menschheit relevant ist: Zwischen dem Konzept „weißer Mann" und dem Begriff „Mensch" gibt es im westlichen Patriarchat keine Differenz,[84] weshalb Ereignisse aus der traditionell von Männern besetzten Geldsphäre – Milliardengewinne oder -verluste, teure Skandale ... – wie selbstverständlich die allgemeinen Nachrichten füllen, während Frauengedöns in speziell gekennzeichneten Nischen stattfindet. Neuerdings ist auf den Titelseiten von Wirtschaftswoche oder Handelszeitung zwar hin und wieder eine Blazerträgerin zu sehen. Das ändert aber vorläufig nichts daran, dass „Weiblichkeit" (fast) unauflöslich mit Strickmustern, Wohnaccessoires, Kita-Öffnungszeiten und ein bisschen verführerischer Protestlaune verknüpft bleibt. Solange wir nicht begriffen haben, dass und wie genau die patriarchal organisierte Gesellschaft auf das Anhängsel „Frau" angewiesen ist,[85] wird das auch so bleiben.

Systemrelevanz und Bullshit

Zwei Schlagwörter, die in den vergangenen Jahren in Umlauf gesetzt wurden, eröffnen einen Ausweg aus der festgefahrenen Hierarchie von menschheitlich verallgemeinertem Maskulinum und privatisierter Weiblichkeit: der *Bullshit-Job*[86] und die *Systemrelevanz.* Aus zwei Richtungen, gewissermaßen von oben und von unten gleichzeitig, bringen diese beiden Wortschöpfungen das vermeintlich von Ewigkeit zu Ewigkeit unvermischte und ungetrennte Ehepaar Handelsblatt und Brigitte durcheinander: David Graebers Berichte über die gerade in gut bezahlten Positionen allgegenwärtige Nutzlosigkeit haben die Chefetagen entzaubert. Nur wenig später hat die Corona-Pandemie uns allen vor Augen geführt, wer im Ernstfall die wirklichen Leistungsträger*innen sind. Zwar wäre noch zu klären, für *welches* System die nun nicht mehr unsichtbare Weib*lichkeit denn eigentlich relevant sein will. Dass Handelsblatt und Brigitte zu einem fluffig-saftigen postpatriarchalen Medium fusionieren sollten, in dem das Ganze einer enkeltauglichen Wirtschaft in all seinen Dimensionen verhandelt wird, erkennt, wer erkennen will, schon heute. ■

Ina Praetorius

35 Jahre Müttermanifest und was aus berechtigten Forderungen noch werden könnte

Im November 1986, wenige Monate nach dem Atomunfall von Tschernobyl, fand in Bonn unter dem Motto „Leben mit Kindern – Mütter werden laut“ ein bemerkenswerter Kongress mit organisierter Kinderbetreuung statt: Mehr als 500 Mütter brachten ihr Unbehagen darüber zum Ausdruck, dass ihre Bedürfnisse und die ihrer Kinder in allen Bereichen des gesellschaftlichen Lebens zu kurz kamen. Offensichtlich hatte sich an diesen Missständen seit der Studentenbewegung von 1968 nicht viel verändert.

Das Manifest

Nach dem Kongress wurde ein Müttermanifest[87] erarbeitet. Gefordert wurde eine Debatte über einen erweiterten Emanzipationsbegriff. Frauenperspektiven auf Quoten und das Recht auf Schwangerschaftsabbruch zu verkürzen, so argumentierten die Verfasserinnen, sei nicht angemessen. Die Mütter forderten mehr Kinderbetreuung am Arbeitsplatz, neue Arbeitszeitmodelle, ausreichenden Lohn und Quoten, die den Anteil der Mütter mit ausdrücken: zum Beispiel 50 bis 70 Prozent aller qualifizierten Frauenarbeitsplätze für Mütter. Ihnen war zudem klar, dass der rücksichtslose Zugriff auf die gesellschaftliche Ressource Mütterlichkeit mit dem renditegetriebenen Raubbau an den natürlichen Grundlagen des Planeten zusammenhängt. Mütter, so argumentierten sie, sind nicht mehr bereit und fähig, ohne *Input* in ihre eigenen Reserven die Grundlagen für alles andere zu schaffen. Einkommen müsse umverteilt werden mit dem Ziel, die Bezahlung oder Sicherung all derer zu ermöglichen, die notwendige sinnstiftende Dienstleistungen für Wirtschaft und Gesellschaft erbringen.

Für eine lebendige Zukunft

Das Manifest wurde heftig diskutiert, die Autorinnen nicht selten als biologistisch kritisiert. Fakt ist: Für Mütter hat sich in den zurückliegenden 35 Jahren wenig verändert. Gut ausgebildete, heute 35-jährige Frauen, die sich für Kinder entscheiden, werden, wenn sich nichts ändert, ein durchschnittliches Lebenserwerbseinkommen erzielen, das 62 Prozent unter dem Einkommen der Väter liegen wird. Mit den Ausgleichszahlungen für Kindererziehungs- und Pflegezeiten reduziert sich diese Lücke nur unwesentlich. Man nennt es *Motherhood penalty*, Strafe für die Mutterschaft.

Immerhin hat die damalige Mütterbewegung vielerorts zur Gründung von Mütter- und Nachbarschaftszentren geführt, die allerdings stark unterfinanziert sind. Ihr Alltagsbetrieb wäre ohne außermarktliche Solidarität kaum aufrechtzuerhalten. Viele der in diesen Einrichtungen tätigen *Care*-Aktivistinnen und Ehrenamtlichen werden keine existenzsichernde Rente beziehen, denn sie übernehmen oft noch die unbezahlte Arbeit in ihren eigenen Familien oder sind in schlecht bezahlten Sorgeberufen tätig.

36 Jahre nach der Katastrophe von Tschernobyl ist das Müttermanifest immer noch da, bereit, neu gelesen und ernstgenommen zu werden. ■

Uta Meier-Gräwe

Hände und mehr

Zwar habe ich nie in einer dieser sprichwörtlich hektischen Redaktionen gearbeitet. Aber mir wurde mehrfach berichtet, wie es da zugeht. So zum Beispiel:

A: *Such mir doch schnell ein Bild, das irgendwie zu einem Text über Care-Arbeit passt!*
B: *Worum geht's da genau?*
A: *Ach, irgendwas mit Pflegenotstand, „Applaus reicht nicht" und so weiter, das Übliche halt.*
B: *OK, nehmen wir am besten wieder das mit den Händen.*

Junge Hand hält alte Hand

Nicht nur neben Zeitungsartikeln, sondern auch auf gefühlt neunzig Prozent aller Konferenzprogramme zu Themen rund um *Care*-Arbeit prangt dasselbe Motiv: Eine junge, meist als weiblich erkennbare Hand hält eine alte faltige Hand. Meistens ist im Hintergrund eine weichgezeichnete Bettkante erkennbar oder ein Schlauch, ein medizinisches Gerät.

Pflegefachpersonen erzählen, dass es in ihrem beruflichen Alltag tatsächlich oft wichtig ist, die Hände von Patientinnen und Patienten zu halten. Die Geste tröstet, beruhigt, ist ein Zeichen für hilfreiche Anwesenheit, markiert einen Raum der Zwischenmenschlichkeit in einer technisierten Umgebung. Das Bild ergibt Sinn, aber in steter Wiederholung wird auch das sinnigste Bild zum Stereotyp – und löst, wenn's gut geht, Fragen aus: Was sagt das Bild? Signalisiert es „Frauengedöns" und „Geht mich nichts an"? Soll es Einsicht in die Fürsorgeabhängigkeit aller bewirken oder Mitleid, Nachdenklichkeit, Angst vor dem eigenen Alter? Antrieb zum politischen Handeln? Und: geht es denn in der *Care*-Arbeit immer nur um körperliche Nähe in Grenzsituationen? Wo bleiben andere Aspekte sorgender Tätigkeit? Das Spielerische, das Gewöhnliche, die Anstrengung, Stress, Spaß, Ärger, Routine, Berechnung, Kunst? Warum wird die Medizin- oder Haushaltstechnik, die doch mit professioneller Pflege- oder Hausarbeit meist eng verwoben ist, zum weichgezeichneten Hintergrund der traditionell weiblichen Geste unmittelbarer körperlicher Berührung?

Suchbewegung

Ich fange an, mir andere Illustrationen für Tagungsprogramme oder Zeitungsartikel auszudenken. Die Aufgabe entzieht sich der Routine der Nachrichtenredaktionen. Sie braucht spielerische Zeit. Ich bekomme Lust, loszuziehen und Fotomotive aufzunehmen: in meinem eigenen häuslichen Alltag, im Badezimmer, in der Küche, dem Garten und darüber hinaus im Dorf, im Supermarkt, im Gemeindehaus, am Bahnhof ... Wo findet Sorgearbeit statt? Wie lässt sie sich in Bilder übersetzen? Wie verschränkt sie sich mit anderen Arten von Tätigkeit? Welches Bild will ich auf dem nächsten Tagungsprogramm sehen? ■

Ina Praetorius

Skizze einer postpatriarchalen Polit-Architektur

Als Kind meinte ich, die Namen und damit die Aufgaben von Ministerien seien in Stein gemeißelt: Es gibt das Außen- und das Innenministerium, das Wirtschafts-, das Verkehrs-, das Finanzministerium und so weiter. Kinder nehmen, was sie umgibt, oft als ewige Wahrheit an: So und nicht anders verhält es sich mit der Welt, in der ich kürzlich zu leben angefangen habe.

Der Superminister

Im Jahr 1971 wurde Karl Schiller in Personalunion Wirtschafts- und Finanzminister der Bundesrepublik Deutschland. Man nannte ihn den „Superminister". Ich war fünfzehn und irritiert, bis ich erkannte: Irgendwann haben ein paar Männer darüber entschieden, in welche Ressorts man Gemeinwesen am besten aufteilt, um deren Geschicke arbeitsteilig zu lenken. Ihre Beschlüsse scheinen aber revidierbar zu sein: Am 6. Juni 1986, wenige Wochen nach der Reaktorkatastrophe von Tschernobyl, ich hatte gerade meinen 30. Geburtstag gefeiert, wurde das Bundesumweltministerium gegründet, das heute „Bundesministerium für Umwelt, Naturschutz, nukleare Sicherheit und Verbraucherschutz" heißt. Und neuerdings, genauer: seit dem 8. Dezember 2021, gibt es aus guten Gründen ein „Ministerium für Wirtschaft und Klimaschutz".

Frauengedöns und Achtstundentage

Dass so genannte „Frauenfragen", zum Beispiel der größte Wirtschaftssektor, im Familienministerium am besten aufgehoben sind, galt in den 1980ern, als ich meine Dissertation zum Frauen- und Menschenbild in der Ethik schrieb, noch als selbstverständlich. Heute heißt das Nachfolgeministerium „Bundesministerium für Familien, Senioren, Frauen und Jugend". Es könnte sachgemäß auch „Ministerium für Nichtmänner" heißen, denn was haben Senioren, Frauen und Jugendliche gemeinsam? Richtig: Sie sind keine Männer im erwerbsfähigen Alter. Wie in den neun Lehrbüchern, die ich für meine Doktorinarbeit durchgeackert habe, scheint der Mann im vermeintlich besten Alter nach wie vor das Maß aller Dinge, Menschen und Ressorts zu sein. Deshalb muss es mich auch nicht erstaunen, wenn man im „Ministerium für Arbeit und Soziales" den Achtstunden-Erwerbsarbeitstag noch immer nicht vom Thron gehoben hat.

Vorschlag für eine postpatriarchale Polit-Architektur

Was es brauchen würde, wäre aber selbstredend ein Ministerium für flächendeckende Grundversorgung und eines für geburtliche Transformation. Dazu Staatssekretariate für Patriarchatskritik und die Aufarbeitung toxischer Männlichkeit, für bedürfniszentrierte Geldflüsse und für Selbstsorge. Auch ein Ministerium für Zukunftstauglichkeit wäre fällig. In *Wales* gibt es schon eines: den oder die *Future Generations Commissioner*.[88] Ein Familienministerium braucht es nicht, dafür eines für *gender*- und generationengerechtes Zusammenleben, das eng mit dem Finanzministerium verzahnt ist. Und das Außenministerium würde ich zu einem Ministerium für globales gutes Leben machen.

Hat sonst noch wer gute Ideen für die neue postpatriarchale Polit-Architektur? ■

Ina Praetorius

Ein zukunftsweisendes Staatenbündnis

Es ist erfreulich, wenn eine Ökonomieprofessorin für eine Bildungspolitik wirbt, die „alle Kinder mitnimmt".[89] Und auch wenn der US-Präsident viel Geld für gerechte und grüne Vereinigte Staaten ausgeben will, bin ich ganz dabei.

Nachdenklich machen mich aber die *Begründungen*, mit denen die Professorin, der Präsident und viele andere ihre Projekte für mehr Wohlbefinden unterlegen: Die Bildungsoffensive werde „eine doppelte Rendite bringen", sagte die Wirtschaftsweise Monika Schnitzer am 30. Juni 2021: Chancen für die Kinder und eine leistungsfähige Wirtschaft. Joe Bidens sozial-ökologisches Zukunftsprogramm ist eingebunden in eine aggressive Geopolitik, insbesondere gegenüber dem Erzrivalen China.

Wohlbefinden muss nicht rentieren

Bildung für alle soll es also nicht geben, weil Lernen Freude macht, und Eltern werden nicht vom Staat unterstützt, weil das ihnen und ihren Familien guttut, sondern weil einsatzbereite Fachkräfte gebraucht werden, damit brummende Volkswirtschaften Konkurrenten einschüchtern und sich im Wettbewerb um die Vorherrschaft auf allen möglichen Weltmärkten durchsetzen.

In einem Gesprächsklima, in dem es zumindest rhetorisch alternativlos geworden zu sein scheint, menschliches Wohlergehen für die Mechanik der globalen Konkurrenz zu instrumentalisieren, setzen zwei Wirtschaftswissenschaftlerinnen, Margareta Kreimer und Ines Heck, einen Kontrapunkt, den ich schon fast erlösend nennen möchte: Sie stellen sich der Tatsache, dass Tätigkeiten wie personenbezogene Dienstleistungen oder ökologischer Landbau relativ zu beliebig rationalisierbarer Güterproduktion teuer sind.[90] Schließlich kann man Kinder nicht immer schneller erziehen und Böden nicht immer effizienter ausbeuten, ohne ihnen zu schaden. Und dann kommen sie zu diesem Schluss:

„Letztlich geht es darum, ... wie viel uns ein gutes Miteinander wert ist. Dies ist eine hochpolitische Frage."[91]

Die *Wellbeing Economy Governments Partnership* (WEGo)

Manch eine wird den Vorschlag, das Wohlergehen der Menschen ausdrücklich zum erstrangigen Ziel allen politischen und wirtschaftlichen Handelns zu erklären, naiv[92] finden. Es gibt aber schon Staaten, die beschlossen haben, genau dies zu tun: Finnland, Island, Neuseeland, Schottland und Wales haben sich zur *Wellbeing Economy Governments Partnership (WEGo)*[93] zusammengeschlossen und messen den Erfolg ihrer Politiken nicht mehr nur am Bruttoinlandsprodukt, sondern an langfristigen Verbesserungen menschlichen Wohlbefindens in einer intakten Mitwelt. Sie fahren bisher recht gut damit. Das zivilgesellschaftliche Netzwerk *Wellbeing Economy Alliance,*[94] mit dem das neue Staatenbündnis zusammenarbeitet, strahlt unwiderstehliche Zuversicht und Tatkraft aus.

Nichts spricht dagegen, dass weitere Staaten sich dem Bündnis anschließen, sogar Deutschland, die EU, China, Russland und die USA. ■ Ina Praetorius

Vierter Teil
Handeln für eine gute Zukunft

Es braucht Debattenräume

Um der Bedeutung der un- und unterbezahlten *Care*-Arbeit gerecht zu werden, wollen die einen ein bedingungsloses Grundeinkommen einführen, andere eine Begrenzung der Norm-Erwerbsarbeitszeit auf zwanzig Wochenstunden. Beides nütze aber nichts, sagen wieder andere, solange Männer *Care*-Arbeit unter ihrer Würde finden. Man müsste deshalb mit *Gender*-Sensibilisierungskursen anfangen und mit dem Kampf gegen das stereotype Rosa und Hellblau in den Kinderzimmern!

Alles falsch! ...

... sagt eine: Wir dürfen das Problem nicht individualisieren! Es geht nicht um Psychologie und Geschlechterrollen, sondern um Staatsknete, viel Staatsknete! Es braucht massive Investitionen in die nötige Infrastruktur: kostenlose Kitas für alle, bezahlbaren Wohnraum, mehr Mutterschutz!

Nein Väterzeit!

Eine ältere Frau findet, die Jungen seien zu anspruchsvoll, jedes Ehepaar könne doch selbst entscheiden, wie es sich die Arbeit aufteilen will.

Selbst entscheiden? Bei dem *Pay Gap*? Wenn Frauen so viel weniger verdienen als Männer?

Und überhaupt, wer ist denn heutzutage noch verheiratet?

Wir sollten das Ganze intersektional angehen! Die schwarze alleinerziehende Lesbe ist schließlich mehrfachdiskriminiert, sie braucht mehr und anderes als bürgerliche Ehepaare.

Stimmt, und was ist mit mir? Mein Ehemann sitzt im Rollstuhl!

Es braucht Debattenräume

Eine patriarchale in eine postpatriarchale Gesellschaft zu transformieren, ist keine Kleinigkeit. Es braucht präzise Analysen, Zuhörbereitschaft und Geduld und manchmal Kompromisse und die Einsicht, dass Verschiedenes sich auch gleichzeitig verwirklichen lässt: Warum sollten wir nicht ein bedingungsloses Grundeinkommen einführen, zuerst als Kindergrundsicherung, und gleichzeitig die gängigen Vorstellungen von Männlichkeit und Weiblichkeit verändern? Und dann noch die unbezahlte Arbeit ins Bruttoinlandsprodukt integrieren und *gender*- und generationengerechtes Wohnen fördern?

Was es, um all die vielen Ideen bekannt zu machen und zueinander in Beziehung zu setzen, vor allem braucht, ist Sichtbarkeit und Raum für Information und Gespräch. Am 30. Oktober 2019 schrieb mir aber Stefan Barmettler, der Chefredakteur der Handelszeitung:

„Ich halte die Diskussion über die Care-Themen durchaus für interessant. Wenn Sie zu einer Abstimmung oder zu einem Vorstoß Ihre Sicht der Dinge – die ich in einigen Fragen nicht teile – in 3000 Zeichen darlegen wollen, habe ich nichts dagegen. Melden Sie sich bei Gelegenheit.“

Eine kurze Kolumne soll ich schreiben in einer Zeitung, die wöchentlich mit einem Umfang von 40 Seiten erscheint? Das soll reichen für den größten Wirtschaftssektor und einen riesigen Gesprächsbedarf? Es reicht definitiv nicht. Es braucht neue ständige Rubriken zum *Ganzen der Wirtschaft*[95] in allen Zeitungen, Fernsehkanälen und Internetportalen. ■

Ina Praetorius

Ein Buch für meine Enkelin

Als meine Mutter in den 1920er und 1930er Jahren zur Schule ging, bedeutete „Wirtschaft“ für Mädchen vor allem Haushalten. Das Fach, in dem man ihr das Kochen, Putzen und Sparen beibrachte, hieß wahrscheinlich „Hauswirtschaft“. Meine Mutter wurde zu einer freien schwäbischen Hausfrau. Sie hat gern gekocht, geputzt, Gäste bewirtet und meine Schwester und mich ins Erwachsenenleben begleitet. Studiert hat sie auch, und eines Tages wurde sie Hochschulprofessorin, allerdings nicht für Ökonomie, sondern für Alte Musik.

Seltsame Verdrehungen

In dem humanistischen Gymnasium, in dem man mir im Jahr 1975 mein Abiturzeugnis aushändigte, war Latein bei weitem wichtiger als Ökonomie. Immerhin kann ich mich erinnern, dass wir lernten, was „Produktion“ ist: Produktion ist, wenn Leute in einem Industriebetrieb möglichst viele möglichst identische Dinge herstellen, zum Beispiel Stecknadeln oder Autos. Und „Reproduktion“ nennt man es, wenn die Arbeitskraft dieser Produzenten wiederhergestellt oder auch junge frische Nachfolge-Arbeitskraft erzeugt wird. Mit anderen Worten: „Reproduktion“ soll ich es nennen, wenn noch nie dagewesene menschliche Wesen mit völlig neuen, überraschenden Fähigkeiten zur Welt kommen. „Produktion“ aber soll unübersehbar in der Mitte von allem stehen, obwohl es bloß bedeutet, viele gleiche Dinge zu machen, die womöglich niemand braucht.

Schon damals fiel mir auf, dass Wörter manchmal dazu da sind, die Wirklichkeit von den Füßen auf den Kopf zu stellen.

Welthaushaltslehre

Meine Tochter hat im Jahr 2007 eine schweizerische Matura abgelegt. Wenn wir uns in den Jahren davor zum häuslichen Mittagessen trafen, besprachen wir manchmal, was sie gelernt hatte. Dass „Ökonomie" die Lehre vom guten Haushalten ist, dass folglich das, was wir gerade taten, nämlich zuhause zu Mittag essen, Ökonomie ist, hat kein Lehrer, sondern habe ich ihr erklärt. Ich hatte es nicht im so genannt humanistischen Gymnasium, sondern in einer aufregenden Erkenntnisbewegung gelernt, die inzwischen als „Feministische Hausarbeitsdebatte" in ein paar dissidente Geschichtsbücher eingegangen ist.

Meine Enkelin, Tochter einer diplomierten Agronomin, ist im Mai 2019 zur Welt gekommen. Sie wird, so hoffe ich, in ein paar Jahren in der Schule lernen, dass Wirtschaften nur einen einzigen Zweck hat: nämlich, dass die dann schätzungsweise acht Milliarden Menschenwürdeträgerinnen und Menschenwürdeträger, die zusammen mit unzähligen anderen Lebewesen den verletzlichen Raum Erde bewohnen, samt ihren Kindern und Kindeskindern alles bekommen, was sie zum Leben brauchen.

Wahrscheinlich sollte demnächst jemand anfangen, das Schulbuch für meine Enkelin zu schreiben. Ich kann das nicht tun, denn ich habe nicht Ökonomie, sondern Theologie gelernt. Aber ich bin sicher, dass es Leute gibt, die es können und wollen und tun werden, und zwar richtig gut. ■

Ina Praetorius

Gipfeltreffen für tragfähige Gesamtkonzepte

Im August 2020, nach der ersten Corona-Welle, legte die deutsche Ärztekammer einen Zehn-Punkte-Plan für ein wirksames Krisenmanagement im Gesundheitswesen vor. Dort heißt es, Kliniken seien Einrichtungen der Daseinsvorsorge und keine Industriebetriebe. Krankenhäuser müssten den Patient*innen, nicht dem Profit dienen. Dasselbe gilt selbstverständlich auch für andere Einrichtungen der öffentlichen Daseinsvorsorge, zum Beispiel für Altenpflegeheime.

Worte statt Taten

Obwohl diese Position auf breite Zustimmung trifft, läuft weitgehend unbemerkt von der Öffentlichkeit eine ganz andere Nummer: *Private-Equity*-Firmen haben auch im Corona-Jahr 2020 mit dem Geld zahlungskräftiger Investor*innen kleinere Krankenhäuser, Rehabilitationskliniken und Altenpflegeheime aufgekauft und zu größeren Einheiten zusammengeschlossen – einzig mit dem Ziel, sie bald mit hohem Gewinn an die nächsten Investoren weiterzuverkaufen. Sie erzeugen gnadenlosen Kostendruck und verhindern damit gute Arbeitsbedingungen im Gesundheitswesen. Inzwischen befinden sich 44 Prozent der deutschen Altenpflegeheime in privater Trägerschaft. Der Anteil freigemeinnütziger Träger, zu denen auch *Caritas* und *Diakonie* gehören, sinkt. Kommunale Altenheime haben mit 3,5 Prozent bereits Orchideenstatus.

Fehlentscheidungen

Ex-Bundesgesundheitsminister Jens Spahn hatte bereits 2018 betont, dass zweistellige Renditen für Finanzinvestor*innen und Kapitalgesellschaften nicht die Idee der sozialen Pflegeversicherung seien. Deshalb müssten die Renditen privater Träger bald gesetzlich geregelt werden. Passiert ist wenig. Vollmundige Ankündigungen von Ministerinnen und Ministern sind also mit Vorsicht zu genießen. Private, an möglichst hohen Renditen interessierte Investoren sind auf dem Gesundheits- und Pflegemarkt immer noch auf dem Vormarsch. Deren Interessenvertretung, der Bundesverband der privaten Anbieter sozialer Dienste (BPA), hat begrüßt, dass die Dienstgeberseite der *Caritas* am 25. Februar 2021 einen allgemeinen Tarifvertrag in der Pflege abgelehnt hat. – Warum lässt sich die *Caritas* für renditeorientiertes Geschäftsgebaren in der Pflege einspannen? Man wolle am „Wettbewerb der Tarifwerke" festhalten, hieß es.

Wo bleiben da die Ideen der katholischen Soziallehre?

Es braucht ein Gesamtkonzept

Nicht zuletzt durch solche einzelnen Fehlentscheidungen – auch innerhalb der *Caritas* sorgte die Ablehnung des allgemeinen Tarifvertrags für Kritik – spitzt sich die *Care*-Krise in Deutschland weiter zu. 9000 Pflegekräfte haben im Jahr 2020 gekündigt, bundesweit fehlen 200.000. Was bedeuten solche Entwicklungen für die Geschlechtergerechtigkeit? 83 Prozent aller Altenpflegekräfte und sieben von zehn Bewohner*innen in Alters- und Pflegeheimen sind Frauen.

Ein *Care*-Gipfel im Bundeskanzleramt ist überfällig. ■

Uta Meier-Gräwe

Postpatriarchale Raumplanung

„Es gibt kein Anrecht, günstig in Berlin-Mitte zu wohnen."
Dies sagte Michael Hüther, der Direktor des *Instituts der Deutschen Wirtschaft,* am 21. September 2021 im Handelsblatt. Hüther gibt als unabänderliches Marktgesetz aus, dass sich Wohngebiete zunehmend entmischen. Der Volkswirt erklärt für rechtens, dass die verkannten Leistungsträger*innen[96] unserer Gesellschaft – Verkäufer*innen, Altenpfleger*innen, Kita-Mitarbeiter*innen – aus den Zentren der Metropolen verdrängt werden.

Die Stimmungslage in Berlin

Wer behauptet, hohe Mieten würden nur Neuzugezogene treffen, dem ist ein Ausflug ins Umland von Berlin mit der S-Bahn zu empfehlen: Die Bahnsteige sind um neun Uhr morgens voller Rentner*innen, die wenigstens tagsüber in ihren Kiez wollen, den sie sich nicht mehr leisten können.

Die Berliner Bevölkerung hat sich deshalb am 26. September 2021 mit 56,4 Prozent hinter die Initiative „Deutsche Wohnen & Co. enteignen" gestellt. Die mit 39 Prozent recht geringe Zahl der ablehnenden Stimmen lässt Rückschlüsse auf die Stimmungslage zu. Auch wenn wohl nur wenige der Befürwortenden tatsächlich erwarten, dass es zu einer Enteignung kommen wird, muss der Senat das Ergebnis der Abstimmung ernst nehmen: Es gilt, die Profitgier privater Immobilienfirmen zeitnah durch staatliches Handeln einzuhegen. Das betrifft auch den Bestandsschutz von vorhandenem Wohnraum.

Wie wollen wir in Zukunft leben?

Es geht aber auch um die grundsätzliche Frage, wie wir in Zukunft zusammenleben wollen. Weiter nach dem Motto „Jeder ist seines Glückes Schmied“? Oder mit Respekt und in möglichst gemischten Wohnquartieren, unterstützt durch eine Politik, die einer sozialen Spaltung in den Städten entschieden begegnet?

2018 führte die Studie „Wie brüchig ist die soziale Architektur unserer Städte?“[97] des Wissenschaftszentrums Berlin für Sozialforschung (WZB) zu dem besorgniserregenden Ergebnis, dass die sozialräumliche Spaltung der ostdeutschen Städte binnen weniger Jahre eine Dynamik entfaltet hat, wie wir sie bisher nur aus US-amerikanischen Städten kennen. In 36 von 74 deutschen Städten gibt es inzwischen Quartiere, in denen im letzten Jahrzehnt mehr als die Hälfte aller Kinder von staatlichen Transferleistungen lebt. Das hat negative Folgen für Bildungs- und Lebenschancen, wie die Armuts- und Stadtforschung immer wieder belegt.

Solche Entwicklungen sind weder gerecht noch ökonomisch vernünftig oder notwendig. Die Stadt München muss inzwischen einen erheblichen Teil der Wohnkosten von Kita-Mitarbeiter*innen übernehmen, weil diese Fachkräfte sonst ins Umland ziehen müssten und der Kita-Betrieb dann nicht mehr aufrechterhalten werden könnte.

Dabei gibt es eine reiche Tradition feministischer und postpatriarchaler Ideen zur zukunftsfähigen Raumplanung, die bereits in vielen Pilotprojekten umgesetzt werden und durch staatliche Regelungen für viele Menschen Wirklichkeit werden könnten.[98] ■

Uta Meier-Gräwe

Ein Projekt für alleinerziehende Mütter: geringer Aufwand, große Wirkung

Nein, meine drei Freundinnen, die mit ihren Kindern zusammenleben, haben sich nicht frei für die Lebensform der Alleinerziehenden entschieden: Der Vater von Evas Zwillingen suchte nach der Geburt das Weite. Bis heute will er an Besuchswochenenden immer nur ein Kind bei sich haben, beide seien ihm zu anstrengend. Dennoch ermöglicht Eva den Kontakt, weil sie findet, ihre Kinder sollten eine Beziehung zum Vater pflegen. „Und die Kinder zeigen ihn in der Kita auch gerne vor", sagt sie. Klara entdeckte erst nach zwei Jahren, dass sie mit einem gewohnheitsmäßigen Fremdgänger verheiratet war. Und Petra trennte sich vom Vater der drei gemeinsamen Kinder, weil der nach Kneipentouren immer wieder gewalttätig gegen sie und die Kinder wurde.

Anstrengende Alltage

Meine drei Freundinnen sind starke Frauen mit interessanten, aber schlecht bezahlten Berufen im Gesundheits- und Bildungswesen. Ihr Alltag ist kompliziert und sehr anstrengend. Da sie aufgrund ihrer Alleinzuständigkeit für die Kinder nur in Teilzeit und phasenweise gar nicht berufstätig sein konnten, sind sie immer wieder auf staatliche Transferleistungen angewiesen. Damit stehen sie stellvertretend für die Situation vieler alleinerziehender Mütter. Gut die Hälfte ist länger als acht Jahre alleinerziehend, 62 Prozent der Kinder aus Ein-Eltern-Familien erleben dauerhafte oder wiederkehrende Armutslagen. Politische Leistungen für diese zweithäufigste Familienform verfehlen in Deutschland oft ihre Wirkungen: So haben steuerliche Entlastungen das Armutsrisiko für Alleinerziehende kaum verringert. Denn nur Alleinerziehende, die ein Einkommen in nennenswerter Höhe erzielen, profitieren davon. Das können nur wenige von sich sagen.

Passgenaues Projekt, große Wirkung

Leider haben die gelernte Pflegefachfrau Eva, die Kita-Erzieherin Klara und die examinierte Altenpflegerin Petra nicht von einem Projekt profitiert, das der Verband alleinerziehender Mütter und Väter (VAMV) zwischen 2014 und 2017 realisiert hat:[99] An drei Projektstandortorten wurde Alleinerziehenden eine ganzheitliche Berufsberatung angeboten. Zugleich wurde ihnen eine bedarfsgerechte Kinderbetreuung im eigenen Haushalt außerhalb der Öffnungszeiten öffentlicher Betreuungseinrichtungen zur Verfügung gestellt.

Das Ergebnis: Die Zufriedenheit der Alleinerziehenden mit ihrer ökonomischen Situation stieg von 26 Prozent zu Projektbeginn auf 53 Prozent gegen Ende der Projektlaufzeit. Knapp ein Drittel gab an, sie hätten den Umfang ihrer Erwerbstätigkeit beibehalten können, 27 Prozent waren in der Lage, ihr Stundenvolumen deutlich zu erhöhen. Mit dem steigenden Einkommen konnten sie zuvor unbefriedigte Bedürfnisse der Kinder besser erfüllen. 58 Prozent der Projektteilnehmerinnen gaben an, sie hätten mehr entspannte Zeit mit ihren Kindern verbracht.

Mit geringem Aufwand und einem verhältnismäßig kleinen Finanzbudget konnten mit diesem Projekt deutliche Verbesserungen erzielt werden. Warum findet es nicht Eingang zum Beispiel in die vielgelobten Konjunkturprogramme nach der Corona-Pandemie? ■ **Uta Meier-Gräwe**

Der Fachkräftemangel und das Potenzial der Frauen

Im Februar 2021 warnte der Chef der deutschen Bundesagentur für Arbeit, Detlef Scheele, vor einer weiteren Verschärfung des Fachkräftemangels in Deutschland: Wenn wir die Pandemie überstanden hätten, so Scheele, werde sich der Mangel verstärkt zurückmelden. Es brauche jährlich etwa 400.000 Menschen, die zuwandern, damit der Arbeitsmarkt im Gleichgewicht bleibe. Im Jahr 2020 wanderten aber nur 200.000 bis 250.000 Menschen ein.

Das Potenzial der Frauen

Man könnte auch das brachliegende Qualifikations- und Beschäftigungspotenzial der Frauen ausschöpfen, um dem Problem beizukommen: Frauen in Paarbeziehungen mit Kindern und Alleinerziehende verfügen heute zu 78 Prozent über einen qualifizierten Berufs- oder Studienabschluss. Ihre Zeit ist jedoch – anders als bei der männlichen Vergleichsgruppe – mit unbezahlter Sorgearbeit gefüllt. Im Durchschnitt leisten sie nur siebzehn Stunden Erwerbsarbeit pro Woche. Die Belastung durch Haus- und Betreuungsarbeit führt bei Frauen dazu, dass sie in kleinen Teilzeitjobs mit kleiner Stundenzahl oder in Minijobs[100] tätig sind und immer wieder längere berufliche Auszeiten brauchen. Mütter, die heute Mitte dreißig sind, werden deshalb im Westen Deutschlands ein um 62 Prozent und im Osten ein um 48 Prozent geringeres Lebenserwerbseinkommen als Männer erzielen. Das wird zu Rentenbezügen führen, die nicht armutsfest sind.

An solchen Zuständen grundlegend etwas zu ändern, ist überfällig für eine Gesellschaft, die sich dem Gleichstellungsgrundsatz verpflichtet hat. Es braucht steuerpolitische

Veränderungen, die auf eine faire Arbeitsteilung zwischen Müttern und Vätern zielen. Elternzeiten müssen großzügiger geregelt, systemrelevante Sorgeberufe aufgewertet werden. Berufstätige Eltern brauchen bezahlbare Entlastung im Haushalt. Der Bedarf nach solchen alltagsunterstützenden Diensten ist groß, wird allerdings hierzulande noch ganz überwiegend in Form von irregulärer Arbeit gedeckt.

Eine Idee aus Belgien: Gutscheine für haushaltsnahe Dienstleistungen

In Belgien gibt es seit 2004 staatlich subventionierte Gutscheine für haushaltsnahe Dienstleistungen – mit durchschlagendem Erfolg: Viele irreguläre Jobs wurden in sozialversicherungspflichtige Erwerbsarbeitsplätze umgewandelt, Sozialabgaben und Steuern wurden generiert, Dienstleistungsbetriebe konsolidierten sich, Frauen konnten ihr Erwerbszeitvolumen in den Gesundheitsberufen und im IT-Bereich ausweiten. Die Gutscheine erfreuen sich großer Nachfrage.

Nicht nur in Belgien hat sich längst gezeigt, dass eine intelligente Organisation des haushalts- und personenbezogenen Dienstleistungssektors für eine erfolgreiche und möglichst pandemiefeste Volkswirtschaft mindestens so notwendig ist wie die derzeit viel diskutierten Digitalisierungsoffensiven. Anders wird das Potenzial gut ausgebildeter Frauengenerationen in Zukunft nicht zu gewinnen sein. ■

Uta Meier-Gräwe

Daseinsvorsorge im bedrohten Lebensraum Erde

Aristoteles, der Chefdenker des Abendlandes, ließ sich von Sklavinnen und Sklaven bedienen. Sie sorgten dafür, dass das Essen pünktlich auf dem Tisch stand, dass der Ofen geheizt, dass *Chiton* und *Himation* gewaschen und gebügelt wurden, während der Herr über die *Oikonomia* nachdachte. Der Schüler des Platon und Lehrer Alexanders des Großen soll Wert auf einen exquisiten Lebensstil gelegt haben.

Adam Smith, der Gründervater der Wirtschaftswissenschaft, entstammte einer reichen schottischen Grundbesitzerfamilie. Sein Leben lang war er von Bediensteten umgeben, die für alles Lebensnotwendige zuständig waren. Seine Mutter Margaret Douglas stand ihm stets karrierefördernd zur Seite, wenn sie nicht gerade das Hauspersonal beaufsichtigte.[101]

Karl Marx zeugte sieben Kinder, von denen nur drei das Erwachsenenalter erreichten. Was heute manchmal beschönigend „Vaterschaftsurlaub" genannt wird, konnte er noch nicht „nehmen". Ob er die Elternzeit, hätte es sie schon gegeben, für sich beansprucht hätte, ob er bereit und interessiert gewesen wäre, das Lesen, Schreiben und Agitieren sein zu lassen, um mit der Ehefrau Jenny zusammen in Küche und Kinderzimmer tätig zu werden, das würde ich ihn gerne fragen.[102]

Bodenlos

Es erstaunt nicht, dass Männer, die lebten wie Aristoteles, Smith oder Marx, in ihrem ökonomischen Denken kaum Gewicht auf die Frage gelegt haben, wie Menschen ihr alltägliches Überleben und das ihrer Nachkommen organisieren.

Denn dafür hatten sie Mütter, Ehefrauen und Gesinde, das man noch heute manchmal als „gute Geister" oder „Engel" bezeichnet. Geister und Engel sind unsichtbar.

Der Volkswirt Sebastian Thieme hat im Jahr 2012 zur Frage promoviert, wie die gängige Ökonomie und Ökonomik mit der Frage der menschlichen Selbsterhaltung umgehen.[103] Es sei erschreckend, fasst er zusammen, wie wenig sich in wirtschaftlichen und wirtschaftstheoretischen Kontexten die Erfahrung spiegelt, dass Menschen wirtschaften *müssen*, um die eigene Existenz zu sichern. Sebastian Thieme rechnet sich bis heute der so genannten „pluralen Ökonomik" zu und siedelt sich damit außerhalb des *Mainstreams* an.

Für eine Ökonomie der Lebenserhaltung

Ein *Mainstream* aber, der naiv voraussetzt, dass unsichtbare gute Geister – Mütter, Dienstboten, Gott, Natur – immer schon fürs Grundlegende gesorgt haben, wenn das eigentliche Wirtschaften beginnt, ist denkerisch schlecht aufgestellt für die Herausforderungen der Zukunft im Zeichen der Klimakrise. Denn es geht ihm programmatisch nicht um die tägliche Schale Reis für alle, sondern um die Pekingente für Kaufkräftige, nicht ums Überleben, sondern um beliebige Vorlieben und um die Steigerung eines subjektiv bestimmten Nutzens, der als solcher keinen Sinn und Zweck haben muss. Im eigenen Interesse tun wir gut daran, diese Art Denken vom Thron zu heben. Was es braucht und was es in Ansätzen glücklicherweise schon gibt, ist eine Ökonomie der Lebenserhaltung der Individuen und der Menschheit im begrenzten verletzlichen Raum Erde. ■ **Ina Praetorius**

Mehr Frauen ins Wirtschaftsministerium

Der deutsche Vizekanzler Robert Habeck wurde zu Recht kritisiert, weil er das neue Ministerium für Wirtschaft und Klimaschutz (BMWK) mit viel mehr Staatssekretären als Staatssekretärinnen besetzt hat. Ist es doch seine Grüne Partei, die Geschlechtergerechtigkeit von jeher zu ihren Kernanliegen zählt. Wie kann es sein, dass ausgerechnet im BMWK, das einen tiefgreifenden Umbau des Wirtschaftssystems in Gang setzen soll, die weibliche Hälfte der Gesellschaft auf der obersten Entscheidungsebene kaum vertreten ist?

Klimapolitik ist *Care*-zentrierte Politik

Natürlich stehen wichtige Themen auf dem Programm: Es geht um das Ende der Energieimporte aus Russland, um grünen Stahl, um Windräder, Elektroautos und um eine klimaneutrale Kreislaufwirtschaft. Wo sind aber die Wirtschaftssektoren verortet, die aus der vermeintlich „eigentlichen" Wirtschaft immer noch ausgeschlossen sind? Die un- und unterbezahlten *Care*-Leistungen und die Vorleistungen der Natur? Welchen Stellenwert sollen der Gesundheits-, Pflege- und Bildungsbereich und die haushaltsnahen Berufe bei der angekündigten sozial-ökologischen Transformation erhalten? Spätestens seit der Corona-Pandemie, die den einfältigen *homo oeconomicus* endgültig entzaubert hat, wissen wir doch alle um die Systemrelevanz des *Care*-Sektors. Wird das große Potenzial an ressourcenschonender Erwerbsarbeit in diesem wachsenden Wirtschaftssegment überhaupt gesehen?

Richtig verstanden ist Gleichstellung ökologisch

Annalena Baerbock hat unmittelbar nach ihrem Amtsantritt als Außenministerin angekündigt, eine feministische Außenpolitik betreiben zu wollen. Sie will also die Rechte, Ressourcen und die Interessenvertretung von Frauen stärken. Diese Zielvorgabe stünde auch dem BMWK gut zu Gesicht. Denn es reicht nicht, dass Minister Habeck sich von Ökonominnen wie Mariana Mazzucato[104] und Stephanie Kelton[105] anregen lässt. Beide plädieren für einen aktiven Staat, der sein Handeln an gesellschaftlichen Zielen orientiert und die Wirtschaft so gestaltet, dass sie diesen Zielen, darunter der Gleichstellung der Geschlechter, dient. Gleichstellung ist ja nicht nur eine Rechenaufgabe, sondern bedeutet konkret, unsichtbar gemachte Tätigkeiten ins Licht zu rücken. Beide Ökonominnen setzen zudem auf die *Modern Monetary Theory* (MMT),[106] die für Staaten mit hoher Währungssouveränität viel größere finanzielle Möglichkeiten eröffnet, als sie laut herkömmlichen Wirtschaftstheorien gegeben sind. Solche Spielräume müssen genutzt werden, um den unterbezahlten *Care*-Sektor, die Grundlage allen Wirtschaftens, aufzuwerten. Denn eine sozial-ökologisch gestaltete Gesellschaft kann nicht auf die Ausbeutung von Frauen und von migrantischen Arbeitskräften setzen. Und selbstverständlich auch nicht auf die Abschöpfung privater Sorgearbeit.

Mehr Frauen ins Wirtschaftsministerium!

Eine pandemiefeste Wirtschaftspolitik, die planetare Grenzen respektiert und zugleich die strukturelle Rücksichtslosigkeit gegenüber Menschen mit Sorgeverantwortung in Familie und Beruf überwindet, muss deshalb die Perspektiven und Erfahrungen von Frauen* auf Augenhöhe einbeziehen. ■

Uta Meier-Gräwe

Gender Budgeting – wirksam nur mit politischem Willen

Die Ökonomieprofessorin Rhonda Sharp versuchte im Jahr 1984 als Erste, die Staatsfinanzen in Australien geschlechtergerecht zu budgetieren. Sie hatte zunächst nachgewiesen, dass Budgetentscheidungen keineswegs geschlechtsneutral getroffen werden, sondern Abbild patriarchaler Machtverhältnisse sind. Die logische Folge dieser Erkenntnis ist *Gender Budgeting:* Staatliche Einnahmen und Ausgaben müssen bewusst so umgestaltet werden, dass die Bedarfe von Frauen zum Beispiel in der Verkehrsplanung, auf dem Arbeitsmarkt oder mit Blick auf den Schutz vor sexueller Gewalt angemessen berücksichtigt werden.[107] Eines der Anliegen von Rhonda Sharp war es, die Anteile des Wirtschaftens zu berücksichtigen, die in den Statistiken damals noch fehlten, nämlich die unbezahlte Sorgearbeit und ehrenamtliche Aktivitäten.

Begeisterte Reaktionen

Auf der dritten und vierten Weltfrauenkonferenz wurde die Idee des *Gender Budgeting* begeistert aufgenommen und als ein Mittel angesehen, um öffentliche Gelder gerechter zu verteilen. Auch die *United Nations Organisation* (UNO) und der Europarat begrüßten das neue Instrument. Bereits 2002 verabredete die Konferenz der EU-Finanzminister*innen die Einführung geschlechtergerechter öffentlicher Haushaltspläne. Bis 2015 sollte die Idee umgesetzt werden. Es gibt in Brüssel sogar ein Institut, das *European Institute for Gender Equality*, das sich mit der Ausgestaltung des finanzpolitischen Instruments der geschlechtergerechten Budgetierung befasst.

Und dennoch: Untätigkeit auf allen Ebenen

Wie passt solche Begeisterung zusammen mit den ernüchternden Befunden, die eine Folgenabschätzung des EU-Konjunkturpakets *NextGenerationEU* (NGEU) in der Corona-Pandemie zutage gefördert hat? Die wirtschaftlichen Anreize des über 800 Milliarden Euro schweren Förderpakets, das ausdrücklich die Abschwächung der Pandemiefolgen als Ziel angibt, wurden wieder vor allem auf Wirtschaftszweige mit einem hohen Anteil männlicher Beschäftigter zugeschnitten: auf den Digital-, Energie-, Agrar-, Bau- und Transportsektor. Demgegenüber bleiben die Sektoren Pflege und Gesundheit, Bildung und Sozialarbeit, Kultur und Freizeit weitgehend unberücksichtigt. Dabei stellen Frauen in der Europäischen Union 93 Prozent des Personals in Kitas, 86 Prozent der Pflegekräfte und Angestellten im Gesundheitswesen und 95 Prozent der Reinigungskräfte und Haushaltshilfen.[108]

Sieht es in den Mitgliedsstaaten besser aus? – Deutschland hat im Jahr 2006 zwar eine Machbarkeitsstudie zum *Gender Budgeting* vorgelegt, ist aber von ihrer Umsetzung immer noch weit entfernt. Als die Grünen im Jahr 2019 wieder einmal eine entsprechende Anfrage ans Bundesfinanzministerium richteten, bekamen sie eine haarsträubende Antwort: ein „flächendeckendes und mechanistisches" *Gender Budgeting* im Rahmen des Bundeshaushalts sei kein geeignetes Mittel, um Gleichberechtigung durchzusetzen, sondern würde das bestehende Haushaltssystem des Bundes „überfrachten".[109] Auch in Österreich, wo *Gender Budgeting* seit 2009 sogar in der Verfassung verankert ist, bewegt sich vorerst wenig. ■

Uta Meier-Gräwe

Bildungs- und Sozialausgaben sind rentable Investitionen

Alfred Kammer, der Europa-Chef des Internationalen Währungsfonds (IWF), forderte im April 2021 mehr staatliche Investitionen in die Digitalisierung der Wirtschaft und in soziale Infrastruktur.[110] Der EU-Wiederaufbaufonds nach „Corona" sei dazu eine gute Gelegenheit, meinte er. Angesichts von Pandemie und Klimakrise sei es eindeutig besser, mehr Schulden zu machen als zu wenig.

Soweit ich sehe, sind sich hinsichtlich staatlicher Investitionen zugunsten der Digitalisierung fast alle einig. Gilt das aber auch für die Bereiche Bildung und Soziales? Hier werden eher Stimmen laut, die eine rasche Rückkehr zur Schuldenbremse fordern.

Earn-Back-Effekte von Sozialausgaben sind erwiesen

Der US-Ökonom James Heckman und andere haben aber schon vor Jahren auf der Basis der wegweisenden Längsschnittstudie *Early Childhood Education*[111] nachweisen können, dass Kinder aus armutsbetroffenen afro-amerikanischen Elternhäusern von guter vorschulischer Bildung profitieren. Beim Rechnen, Lesen und bei der Sprachentwicklung schnitten sie deutlich besser ab als Kinder, die keine Vorschule besucht hatten. Von den Sozialabgaben und Steuern, die diese Kinder später als gut ausgebildete Erwerbstätige beitragen, profitiert die gesamte Gesellschaft. Zugleich erübrigen sich Folgekosten im Sozial-, Gesundheits- und Justizhaushalt in beträchtlichen Größenordnungen.

Kosten-Nutzen-Analysen dieser Art liegen inzwischen auch für andere Länder vor. Ob es sich um vernetzte frühe

Hilfen rund um die Geburt handelt oder um soziale Arbeit in Mütter- und Familienzentren, um Gesundheitsfachkräfte in Schulen oder eine passgenaue Kinder- und Notfallbetreuung für alleinerziehende Mütter: In allen diesen Fällen belaufen sich die jeweils investierten Mittel nur auf einen Bruchteil dessen, was sie mittel- und langfristig an finanziellen Rückflüssen, den so genannten *Earn-Back*-Effekten, erzeugen.

Wer das Rendite-Argument braucht, bekommt es

Es ist erstaunlich, dass Entscheidungsträger*innen, die sich von Rendite-Erwartungen üblicherweise überzeugen lassen, bisher wenig Engagement zeigen, wenn es darum geht, flächendeckend Bildungs- und Sozialinvestitionen zu tätigen. Schnell heißt es hier, wir dürften unseren Enkel*innen keine Schuldenberge hinterlassen, und man solle sich vor zu großen „sozialen Wohltaten" und „Umverteilungsgeschenken" hüten. Spätestens die Corona-Pandemie hat aber gezeigt, dass eine widerstandsfähige Volkswirtschaft ohne strukturell verankerte Vorsorge nicht zu haben ist. Außerdem wird die Enkelgeneration logischerweise nicht nur aus Schuldner*innen, sondern auch aus Gläubiger*innen bestehen.

James Heckman meint, traditionell habe man den Armen Almosen im Sinne einer *Redistribution* (nachträglichen Umverteilung) von Reichtum und Einkommen gegeben. Stattdessen brauche es heute *Predistribution* (vorausgehende Verteilung), denn die Rendite selbst bei kostenintensiven Frühförderprogrammen sei hoch, nach seinen Berechnungen zwischen sieben und zehn Prozent. Das ist ein weit höherer Ertrag als der von Sparbüchern oder Investitionen an der Börse.[112] ■

Uta Meier-Gräwe

Ehrenamt: mit Vorsicht zu genießen

Ich bin gern ehrenamtlich tätig. Zum Beispiel haben wir vor der Pandemie in meinem Dorf alle paar Monate große interkulturelle Feste gefeiert. Frauen und Kinder aus bis zu dreißig Nationen waren jeweils dabei. Wir haben nicht nur zusammen gekocht, gegessen und getanzt, sondern uns auch zu freien Gesprächsrunden getroffen. Oft ging es dabei um die Frage, welche Rechte wir als Einheimische und Zugewanderte haben und wie wir einander darin unterstützen können, diese Rechte auch in Anspruch zu nehmen.

Wenn Freiwilligenarbeit in Ausbeutung kippt

Ehrenamtliches Tun kann aber unversehens zum Ärgernis werden. Zum Beispiel spürten wir manchmal einen leichten Druck vom Sozialamt, wir Freiwilligen sollten doch etwas Nützlicheres tun als feiern: Migrant*innen Sprachunterricht geben zum Beispiel, oder ihnen bei der Job- oder Wohnungssuche helfen. Einige von uns veränderten daraufhin tatsächlich ihr Engagement, bis wir eines Tages in der Zeitung lasen, die Gemeinde habe die Steuern gesenkt, weil die Sozialausgaben weniger hoch ausgefallen seien als erwartet. Hatten wir Freiwilligen für ein paar warme Dankesworte der Gemeinde beim Sparen geholfen?

Community-Kapitalismus[113]

Diese heikle Zone, in der freies Engagement in Ausbeutung kippt, haben zwei Sozialwissenschaftlerinnen, Silke van Dyk und Tine Haubner, unter die Lupe genommen. Seit der Finanzkrise 2008, sagen sie, habe der Kapitalismus die *Community* entdeckt, sprich: Gratisarbeit als Ressource, um Versorgungslücken kostengünstig zu stopfen. Man fing an, ehrenamtlich tätige Menschen als „Held*innen des Alltags" zu bezeichnen, verlieh ihnen Preise, legte Förderprogramme auf und betrieb gleichzeitig eine „Politik des Unterlassens" (45), indem man freiwillige statt bezahlte Kräfte in den Dienst der Daseinsvorsorge stellte. Durch diesen Trick kann sich der Sozialstaat nach und nach seiner Aufgaben entledigen, kann verbriefte Rechte fast unmerklich zu unverbindlichen Gaben umdeuten und Versorgungsengpässe im *Care*-Sektor durch eine hippe Form von Gratisarbeit bearbeiten. Die Plattform-Ökonomie mit ihrer berüchtigten Entgrenzung von Arbeit und Freizeit verstärkt diesen Trend hin zur „Verzivilgesellschaftlichung der sozialen Frage" (10) mit den vielen Gesichtern: der „aktivierte" Langzeitarbeitslose verteilt im Altersheim das Essen, die rüstige Rentnerin organisiert Fahrdienste, die vorwiegend weibliche nachbarschaftliche Einkaufshilfe aus Pandemiezeiten wird zur kostensparenden Gewohnheit.

Ehrenamt ist kritisch und kreativ

Freiwilliges Tun ist trotzdem gut. Aber Leute wie ich, Liebhaber*innen des Ehrenamts, können und sollen klar und öffentlich sagen, dass unsere Arbeit nicht dazu da ist, Rechtsansprüche auf ein gesichertes Dasein einzulösen, sondern in skeptischer Einstellung zum *status quo* Neues in die Welt zu bringen. Wenn wir in meinem Dorf nach der Pandemie wieder zu feiern beginnen, werden wir das mit gutem Gewissen tun und insbesondere die Tradition der emanzipatorischen Gesprächsrunden wieder aufnehmen.[114] ■

Ina Praetorius

Es braucht reguläre und krisenfeste Erwerbsarbeitsplätze

Geahnt haben es viele, aber genau wollte man offenbar nicht wissen, was osteuropäischen Werkvertragsnehmer*innen in deutschen Schlachthöfen zugemutet wird. Wer Veränderungen anmahnte, wurde schnell behandelt wie jemand, der nichts von Wirtschaft versteht. In der Pandemie aber ließen sich die unsäglichen Arbeitsbedingungen nicht länger hinter dem Vorhang der vermeintlichen Alternativlosigkeit verstecken. Was uns der Glaube an den schlanken Staat beschert hat, ist moderne Vertragssklavere. Dieses brutale System, das auf Ungleichgewichte zwischen den Mitgliedsländern der Europäischen Union (EU) gesetzt hat, kann mit dem Arbeitnehmerfreizügigkeitsgesetz nicht gemeint gewesen sein.

Grenzüberschreitende Haushaltsarbeit

Es gibt noch einen anderen Vorhang, hinter den Aufsichts- und Gesundheitsbehörden dringend blicken müssten: die seit Jahren weit verbreitete Schwarzarbeit in Privathaushalten, insbesondere die 24-Stunden-*Indoor*-Pflege.[115] Ungefähr 500 000 Migrantinnen, oft aus Osteuropa, betreuen pflegebedürftige Menschen, meist im Westen. Sie werden meist zu Löhnen eingestellt, die weit unter dem gesetzlich festgelegten Mindestlohn liegen. Auch Höchstarbeits- und Mindestruhezeiten gelten für sie nur selten. Vorschläge für arbeitsrechtliche Eingriffe wurden oft mit dem Hinweis abgetan, der Privathaushalt sei kaum zu regeln. Das ist ein Vorwand, denn inzwischen ist es zum Beispiel in vielen Ländern gelungen, häusliche Gewalt zum Straftatbestand zu erklären.

Gerade in der Corona-Krise hatte die Billigung prekärer Arbeitsverhältnisse schwerwiegende Folgen für alle Beteiligten. Während die *Care*-Migrantinnen plötzlich ohne Einkommen und soziale Hilfen dastanden, waren die Pflegebedürftigen auf sich allein gestellt. Angehörige erfuhren, wie brüchig die neuartigen Sorge-Arrangements sind. Trotzdem werden die „preisgünstigen Lösungen" bis heute im Internet von grenzüberschreitend tätigen Agenturen angepriesen und als Baustein der in der EU vorangetriebenen Deregulierung des Gesundheitssektors gebilligt.

Schutz vor Ausbeutung ist dringend

Es ist an der Zeit, nicht nur die Ereignisse in der Großmetzgerei Tönnies als „Fukushima-Moment" in der Fleischindustrie anzuprangern. Im Sinne des Abkommens der Internationalen Arbeitsorganisation „Menschenwürdige Arbeit für Hausangestellte" (2011) müssen auch die *Care*-Migrantinnen zu fairen Bedingungen angestellt werden. Das wäre ein Beitrag zur Neubewertung von Sorgeberufen, wie sie schon 2017 von der Sachverständigenkommission des Zweiten Gleichstellungsberichts der deutschen Bundesregierung angemahnt wurde. Der Gewerkschaftsbund hat dazu im Juni 2020 eine beeindruckende Zahl des Monats[116] veröffentlicht: In Deutschland könnten in den kommenden Jahren im Bereich der haushaltsnahen Dienstleistungsberufe 1,5 Millionen reguläre und krisenfeste Vollzeitarbeitsplätze entstehen – eine Perspektive, die auch für einen Teil der von Erwerbslosigkeit betroffenen Mitarbeiter*innen mancher insolventer Warenhausketten wichtig sein könnte. Der Bedarf an alltagsunterstützenden Dienstleistungen von der Wiege bis zur Bahre ist groß und wird weiter zunehmen. In diesem Berufssegment können viele gute und abwechslungsreiche Erwerbsarbeitsplätze geschaffen werden, durchaus auch für Männer*. ■

Uta Meier-Gräwe

Care: ein Kriterium für alles, was wir tun

Heute verstehen wir unter *Care* meistens einen *Sektor* der Ökonomie. Er umfasst das unverzichtbare, aber unbezahlte „vermischte Tun“[117] in Privathaushalten und die meist unterbezahlten Fürsorgetätigkeiten vor allem im Gesundheits- und Bildungswesen. Gemeinsam ist diesen un- und unterbezahlten Tätigkeiten, dass sie mit traditionellen Vorstellungen von „Weiblichkeit“ verknüpft sind, und dass sie wenig Anerkennung genießen.

In einem weiteren Sinne verstanden bedeutet *Care* einen bestimmten *Weltbezug*, der „das Leben und seine Erhaltung in den Mittelpunkt“[118] rückt und sich damit deutlich vom derzeit noch vorherrschenden marktwirtschaftlichen Weltbezug unterscheidet, der um Effizienz, Beschleunigung und Profit kreist.

Neubewertung des *Care*-Sektors

Spätestens seit der feministischen Hausarbeitsdebatte in den 1970er und 1980er Jahren gibt es eine weitgehend von Frauen* getragene Bewegung für eine Neubewertung des *Care*-Sektors: Für- und vorsorgende Tätigkeiten sollen als wertschöpfende Arbeit anerkannt, erforscht, sichtbar gemacht, statistisch erhoben, in den Gegenstandsbereich der Wirtschaftswissenschaft aufgenommen, in volkswirtschaftliche Gesamtrechnungen einbezogen, bezahlt oder besser bezahlt oder in anderer Weise so abgegolten werden, dass für alle *Care*-Tätigen ein Leben in Würde möglich wird. Oft setzen *Care*-Aktivist*innen an einzelnen Problembereichen an: der unbezahlten Hausarbeit, unwürdigen Arbeitsbedingungen in der Alten- oder Krankenpflege, in Kitas, in der Angehörigenbetreuung, in der *Au-pair* Arbeit und so weiter. Von hier aus gelangen sie zu einer Analyse des gesamten Sektors und seiner Verwobenheit mit dem Rest des Wirtschaftens. In der Corona-Pandemie hat der *Care*-Sektor schlagartig an Sichtbarkeit gewonnen und wurde unter dem Stichwort der „Systemrelevanz“ weit über die *Care*-Bewegung hinaus öffentlich verhandelt.

Vom Sektor zum Kriterium

Seit Jahrzehnten ist bekannt, dass die Menschheit, will sie überleben, angesichts der Klimakrise global umsteuern, sprich: ihren zerstörerischen Ressourcenverschleiß beenden muss. Die Pandemie hat nun zweierlei bestätigt: Erstens, dass die Sorge um das eigene Leben, das Leben der Mitmenschen und den gemeinsamen Raum Erde die Mitte allen Wirtschaftens bilden muss. Und zweitens, dass schnelle umfassende Verhaltensänderungen möglich sind. Zu einer neuen Normalität diesseits marktgesteuerter Gewohnheiten zu gelangen, ist also angesichts der Klimakrise nicht nur notwendig, sondern offensichtlich auch möglich. Entsprechend rückt so der Weltbezug *Care*, den man bisher zugunsten des Profits weniger privatisiert oder auf Randbezirke des Wirtschaftens begrenzt hat, in die Mitte der Ökonomie: Das Leben und seine Erhaltung wird zum Orientierungshorizont für *alle* wirtschaftlich tätigen Akteurinnen und Akteure. So kann die Ökonomie zu ihrem Kerngeschäft zurückkehren: der *Sorge* um das Leben und Überleben der Menschheit im zerbrechlichen Kosmos. *Care* wird vom *ausgleichenden Sektor* zum Kriterium fürs *Ganze* des Wirtschaftens.[119] ■ Ina Praetorius

Streiken nützt

Genervt, wütend oder deprimiert haben die Beschäftigten in der Kranken- und Altenpflege seit dem ersten Corona-*Lockdown* feststellen müssen, dass weder seitens der deutschen Bundesregierung noch in der Landes- und Kommunalpolitik ein klarer politischer Wille erkennbar war, ihre Arbeitsbedingungen und Einkommen grundlegend zu verbessern. Obwohl bereits zu Beginn der Pandemie einer breiten Öffentlichkeit plötzlich vor Augen stand, dass es sich im Gesundheitssektor und in anderen Berufen der täglichen Daseinsvorsorge um systemrelevante Tätigkeiten handelt, gab es für die Beschäftigten allenfalls Boni oder Einkaufsgutscheine.

Erfolgreiche Streiks in Berliner Krankenhäusern

Umso wegweisender ist, was der Streik der Krankenhausbewegung in Berlin inzwischen an Ergebnissen mit Strahlkraft weit über die deutsche Hauptstadt hinaus zeitigt. Ab Mai 2021 gab es einen Arbeitskampf, wie er bisher für Beschäftigte in *Care*-Berufen als ausgeschlossen galt. Weil Kranke, Alte und Kinder schließlich ständig versorgt werden müssen, hielt man gewerkschaftliche Organisation in diesen Berufen lange für unmöglich, zumal Streiks auch der Tradition aufopferungsvoller „Weiblichkeit“ zu widersprechen schienen. Doch die Zuspitzung der Lage in unterfinanzierten oder auf Rendite getrimmten Krankenhäusern führte, ergänzt durch das in der Pandemie gewonnene Selbstbewusstsein der Pflegenden, zu einem bisher nicht da gewesenen Aufbegehren und einer über Monate anhaltenden solidarischen Streikbewegung.

Berufsständische Abgrenzungen wurden von Anfang an vermieden: Es kam zu einem Schulterschluss – von der *outgesourcten* Reinigungskraft bis hin zum hoch qualifizierten Personal in der Intensivpflege. Als Ergebnis gibt es in der Charité, aber auch bei Vivantes, einem privaten Träger, einen Entlastungstarifvertrag. 700 zusätzliche Beschäftigte sollen angeworben werden, und es ist nicht ausgeschlossen, dass etliche Pflegekräfte wieder in den Beruf zurückkehren werden.

Die Berliner Krankenhausbewegung hat eine enorme Strahlkraft auf die Beschäftigten in den Krankenhäusern anderer Bundesländer ausgeübt. So konnte im Juli 2022 nach 79 Streiktagen in allen sechs Universitätskliniken im Bundesland Nordrhein-Westfalen (NRW) ein flächendeckender Entlastungstarifvertrag nach dem Berliner Vorbild erreicht werden.

Besser wäre eine vorausschauende Politik

Allerdings zeigt das Beispiel auch, wie mühsam um Zugeständnisse gerungen werden muss. Es scheint einer massiven Krise zu bedürfen, damit sich im *Care*-Sektor spürbare Veränderungen vollziehen. Angemessener wäre eine vorausschauende Politik, die sich auf die arbeits- und gesundheitswissenschaftliche Beweislage stützt. Viele Studien weisen seit Jahren auf eine auffällige Unterbewertung der Dienstleistungsberufe gerade in der Pflege hin. Nach wie vor dominiert eine Art „pathologisches Lernen“, vergleichbar dem verbreiteten Desinteresse gegenüber wissenschaftlichen Erkenntnissen zur Klimakrise. ■ Uta Meier-Gräwe

Eine lebensfreundliche gemeinsame Zukunft

Am 12. März 2022, gut zwei Wochen nach dem Einmarsch russischer Truppen in die Ukraine, erschien im Handelsblatt ein Interview mit dem Titel „Toxische Männlichkeit bringt uns um", dazu das bekannte Foto von Wladimir Putin hoch zu Ross, mit nacktem Oberkörper, vor Wildwest-Hintergrund. Gesprächspartner war der Psychologe Björn Süfke, der in einem früheren Interview gesagt hatte: „Diese Form von Männlichkeit, ... das ist etwas, das tief drinsitzt, ... das braucht seine Zeit, sich damit auseinanderzusetzen."[120]

Björn Süfke ist einer der wenigen Menschen, die eine vermeintlich geschlechtsneutrale Weltpolitik zum Konstrukt „Männlichkeit" in Beziehung setzen. Die Mehrheit, gerade auch die Zunft der Ökonomen, zieht in diesem Feld nach wie vor Strategien der De-thematisierung vor: Auf Anfragen reagiert man entweder überhaupt nicht, oder dann inkompetent, genervt, im banalisierenden Plauderton oder überfordert.[121]

Neutralität und Geschlecht

Dass Für- und Vorsorge ein „Frauenthema" ist, davon ist hingegen bis heute fast jedermann überzeugt. Und zwar so sehr, dass vernunftbegabte Leute gewohnheitsmäßig auf die Feministin vom Dienst warten, bevor sie sich dem größten Wirtschaftssektor, der un- und unterbezahlten *Care*-Arbeit, zuwenden. So als sei es Frauen* vorbehalten zu erkennen, dass alle Menschen vom ersten bis zum letzten Tag ihres Lebens abhängig von „Mutter Natur" und voneinander sind. Zwar reicht diese vermeintlich naturgegebene Arbeitsteilung weit in die Geschichte zurück: Schon in der Antike haben Männer sich selbst eine Art körperlose Freiheit zugeschrieben, während sie gleichzeitig alles, was nach Abhängigkeit riecht, auf Frauen und Sklav*innen auslagerten. Aus dieser bis heute lebendigen Ideologie zu schließen, die Fürsorgeabhängigkeit aller werde auch in Zukunft ein Thema bleiben, mit dem sich nur der weiblich gelesene Teil der Menschheit auskennt, wäre aber angesichts der zahlreichen Verwerfungen im postpatriarchalen Durcheinander verhängnisvoll.

Ein Traum

Einige Tage, nachdem das Gespräch über toxische Männlichkeit im Handelsblatt erschienen war, habe ich geträumt, *Care*-Arbeitende aus allen Teilen der Welt versammelten sich um einen runden Tisch: Pflegefachpersonen und Großmütter, Erzieher und Bäuerinnen, Seelsorger*innen und Reinigungskräfte. Die Mehrheit waren Frauen*, aber auch ein paar Mannsbilder, die Björn Süfke wohl ironisch als die Langweiler, *the boring ones*[122], bezeichnen würde, hatten am Tisch Platz genommen: sachkundige Leute mit Zuhörbereitschaft, die ohne Umschweife ins Gespräch darüber kamen, wie acht Milliarden Würdeträger*innen ihre gemeinsame Zukunft gestalten können. Es braucht Zeit, sagt Björn Süfke, bis dieser Traum Wirklichkeit werden wird. Aber eines Tages wird eine fröhlich unübersichtlich *gegenderte* Menschheit sich Überlegenheitsdünkel und Unterwerfungsgesten abgewöhnt haben und in eine lebensfreundliche gemeinsame Zukunft aufbrechen. ■

Ina Praetorius

Das Private politisieren

Dass das Private politisch ist, wissen wir spätestens seit den Anfängen der Neuen Frauenbewegung. Im Zuge der Bewegung von 1968 hatten Frauen entdeckt, dass es nicht egal und nicht privat ist, wer beim Sex oben und wer unten liegt, wer wann wie viele Kinder bekommt, wer Kaffee kocht, Mülleimer leert und bei Versammlungen das große Wort führt. Wir setzten deshalb all die Themen, die unsere Genossen für nebensächlich gehalten hatten, auf die politische Agenda: häusliche Gewalt, unbezahlte Haus-, Beziehungs- und Erziehungsarbeit, Sexualität, Prostitution, Abtreibung und mehr. So bauten wir, zumindest in der Theorie, die Schranken ab zwischen den vermeintlich höheren und wichtigeren Lebensbereichen, die man vorher für allein theorie- und politikwürdig erachtet hatte, und den sogenannten „Intimsphären". Das war revolutionär. Und deshalb wissen wir heute immer noch nicht genau, was es bedeutet, eine Sache zu politisieren, die man vorher systematisch in Räume hinein geschwiegen hatte, die „Liebe", „Ehe", „Familie" oder „Privatsache" hießen. Zur Politisierung des Privaten sind wir immer noch unterwegs.

Die Entgrenzung des Politischen

In den Siebziger Jahren des vergangenen Jahrhunderts gingen wir Frauen im Westen auf die Straße, um für liberale Abtreibungsgesetze oder für die Neuaufteilung der unbezahlten Arbeit zu demonstrieren. Manche traten in Parteien ein, engagierten sich in Gewerkschaften oder bewarben sich, nachdem wir uns das Recht dazu erstritten hatten, um politische Ämter. Das war manchmal erfolgreich. Aber wenn sich die Grenzen zwischen privaten und politischen Sphären auflösen, bedeutet das dann nicht auch, dass das Politische seinerseits sich verändert? Bedeutet Politik im Wortsinn nicht ganz allgemein die Kunst der Weltgestaltung? Gestalte ich den gemeinsamen Lebensraum, die *Polis*, nicht auch dann, wenn ich mich außerhalb der vorgezeichneten Bahnen bewege, die man als „politisch" definiert hat, bevor Frauen das Private politisch werden ließen? Warum sollten die Regeln des Politischen, die Männer einst exklusiv für Männer definiert haben, für mich gelten?

Politik im postpatriarchalen Durcheinander[123]

Da sind wir: mitten im postpatriarchalen Durch/einander. Sicher ist nur: Politik ist heute mehr als die parlamentarische Maschinerie, die uns das Patriarchat hinterlassen hat. Aber bedeutet das nun, dass *alles* politisch ist? Bis hinein ins Ehebett? – Ja, jedenfalls potenziell. Denn alles, was eine tut, zuhause oder auf der Straße, auf dem Klo oder im Hörsaal, im Lehrerinnen- oder im Kinderzimmer, hat öffentliche Dimensionen und kann Folgen für die ganze Welt haben. Was sonst sollte die Devise „Das Private ist politisch" bedeuten? Und wir wissen doch noch, warum wir das Private politisch werden lassen wollten, oder etwa nicht? ■ Ina Praetorius

Handlungsfähig bleiben im postpatriarchalen Durcheinander

Hannah Arendt hat Gedanken über Freiheit aufgeschrieben, die mir helfen, im postpatriarchalen Durcheinander handlungsfähig zu bleiben. In ihrem Buch „Vita Activa",[124] vor allem im Kapitel über „das Handeln" erklärt sie, was das Zusammenleben der Menschen ist: Es ist keine Maschine, denn niemand kann je wissen, was als Nächstes passiert. Weil menschliches Handeln unvorhersehbar ist, weil immer wieder neu geborene Menschen ins „Bezugsgewebe menschlicher Angelegenheiten"[125] eintreten, weil ich niemals wissen kann, wer wie an meine Handlungen anknüpft, kann Politik nicht bedeuten, einen Mechanismus in Gang zu setzen, um etwas herzustellen, von dem ich vorher genau weiß, was es sein wird.

Unabsehbare Folgen

Zum Beispiel können Leute einen Streik des Pflegepersonals in einem Krankenhaus organisieren, um höhere Löhne oder kürzere Arbeitszeiten oder bessere Arbeitsbedingungen zu erkämpfen, und vielleicht erreichen sie diese Ziele sogar. Jeder Streik wird aber noch andere Wirkungen zeitigen als diejenigen, die auf seinen Fahnen stehen. Es kann zum Beispiel sein, dass Leute, die in der Zeitung über den Streik lesen, verstehen, dass Wirtschaft Sorge für die Welt bedeutet. Vielleicht empören sie sich aber auch, weil sie meinen, dass Pflegekräfte, weil sie mehr Geld wollen, Menschenleben aufs Spiel setzen. Dies wiederum könnte dazu führen, dass viele sich dem Ziel einer *Care*-zentrierten Wirtschaft entfremden oder sogar anfangen, sich ins Patriarchat zurückzusehnen. Oder es kann umgekehrt passieren, dass der Streik eine Erkenntniswelle auslöst, aber erst zwanzig Jahre später, weil erst am zwanzigsten Jahrestag jemand den erhellenden Text schreibt, der den Streik mit dem Wunsch nach einer Ökonomie verknüpft, die den Namen verdient. Und so weiter. Kämpfe für bestimmte Ziele sind trotzdem wichtig, aber sie sind nicht Königinwege, sondern Anfänge, die sich mit anderen Anfängen auf unvorhersehbare Weise verweben werden.

Klug verknüpfen

Was soll ich also tun, wenn ich erkenne, dass ich die Folgen meines Handelns nicht im Griff haben kann? Am besten tut jede, was sie am liebsten tut und was sie am besten kann: die eine filmt, die andere schreibt, die dritte organisiert, wieder eine andere fotografiert, und noch eine andere kennt noch eine andere, die gut mit Geld umgehen kann. Und dann treffen wir uns, hören einander zu und vernetzen das Verschiedene so klug wie möglich.

Und was ist das Ziel? Unser Ziel ist, dass die Ökonomie wieder wird, was sie zu sein behauptet: die Theorie und Praxis der Befriedigung der Bedürfnisse von Milliarden menschlichen Würdeträger*innen, die zusammen mit unzähligen anderen Lebewesen den großzügigen und verletzlichen Lebensraum Erde bewohnen, jetzt und in Zukunft. Das ist ein großes Ziel. Wann und wie und wo wir in eine lebensfreundliche Zukunft kippen, weiß niemand. Aber wir sind guter Hoffnung, dass wir längst zusammen mit anderen, die wir noch gar nicht kennen und vielleicht nie kennenlernen werden, in die richtige Richtung unterwegs sind. ■

Ina Praetorius

Dank

Wir bedanken uns bei allen, die sich mit uns aus dem postpatriarchalen Durcheinander in ein gutes Leben für alle aufmachen.
Besonderer Dank geht an Gaby Belz, Hans Jörg Fehle, Arthur Gräwe, Norbert Häring, Caroline Krüger, Claudia Lueg und Feline Tecklenburg.

Anmerkungen

1 Wikipedia Artikel „Wirtschaft" https://de.wikipedia.org/wiki/Wirtschaft (20.06. 2022).
2 Oxfam 2017.
3 Oxfam 2020.
4 David Graeber 2018.
5 Libreria delle donne di Milano 1996.
6 Ina Praetorius 2020.
7 Wirtschaftswachstum in der Eurozone deutlich stärker als angenommen, 2022.
8 Vgl. dazu: Die Last im Kopf: *Mental Load*, in diesem Band S. 34.
9 Franziska Schutzbach 2021.
10 „Fratriarchat" bedeutet „Herrschaft der Brüder". Eine Debatte darüber, wie sich im ausgehenden Patriarchat fratriarchale Strukturen ausbilden, würde ein weiteres Buch füllen. Vgl. dazu z.B. Antje Schrupp 2016.
11 Brigitte Bührlen 2022.
12 Vgl. Es braucht keine entfesselte Wirtschaft, in diesem Band S. 42.
13 Rob Wallace 2021.
14 „Wir haben es mit dem Kapitalismus übertrieben." 2020.
15 Anna Saave 2022.
16 Wirtschaftspolitik nach Corona 2020.
17 Vgl. Aufstieg und Niedergang der Haushaltswissenschaften in Deutschland, in diesem Band S. 22.
18 Zitiert in: Stephan Puehringer, Karl Beyer 2020, 2 (Übersetzung IP).
19 Vgl. dazu: Systemrelevante Berufe sind produktiv, in diesem Band S. 88 und: *Bubblecrossing:* Kochrezepte und Milliardengewinne, in diesem Band S. 98.
20 John Kenneth Galbraith 1974, 51.
21 Norbert Schwarz, Florian Schwahn 2016.
22 David Graeber 2018.
23 Eilis Lawlor u.a. 2022.
24 Abhijit Banerjee 2017.
25 Kate Raworth empfiehlt in ihrem Buch „Die Donut Ökonomie" (Raworth 2018), dass alle Menschen zu Ökonom*innen werden.
26 Felwine Sarr 2016.
27 „If economists could manage to get themselves thought of as humble, competent people on a level with dentists, that would be splendid." (Wenn es den Wirtschaftswissenschaftlern gelänge, sich als bescheidene, kompetente Menschen auf Augenhöhe mit den Zahnärzten zu präsentieren, wäre das großartig.) In: John Maynard Keynes 1963, 373.
28 Bernd Raffelhüschen 2020.
29 Nicole Mayer-Ahuja und Oliver Nachtwey Hgg 2021.
30 Uta Meier-Gräwe 2015.
31 Patricia Cammarata 2020.
32 Franziska Schutzbach 2021.

33 Caterina Borona u.a. 2022.
34 Stefan Voswinkel 2021.
35 Caroline Krüger 2020.
36 Brigitte Aulenbacher u.a. Hgg 2021.
37 Ebd. 243.
38 Vgl. Es braucht reguläre und krisenfeste Erwerbsarbeitsplätze, in diesem Band S. 132.
39 Katharina Gröning 2021, vgl. auch Emanzipation in der häuslichen Pflege 2021.
40 Vgl. Kostenkrankheit ist Menschengesundheit, in diesem Band S. 84.
41 Mariana Mazzucato 2021.
42 Karl Polanyi 2019 (1944).
43 Ebd. 19f.
44 Anna Saave 2022.
45 Barbara Nolte 2021.
46 ABAKABA.
47 Vgl. Mit Politikern sprechen, in diesem Band S. 46.
48 Seraina Kobler 2015.
49 Vgl. Ein seltsamer Deal: Erwerbsunterbrechung als Humankapitalverlust, in diesem Band S. 20.
50 DGB, Zahl des Monats https://www.dgb.de/arbeitsmarkt-zahl-des-monats (6.04.2022).
51 Christoph Bartmann 2016, 203.
52 https://biotexcom.com/black-friday-sale-begins/ (09.04.2022).
53 Vgl. dazu: Globale Sorgeketten, in diesem Band S. 36.
54 Antje Schrupp 2022.
55 Wohlstand für alle, 2021.
56 Vgl. dazu z.B. Bruno Latour 2021.
57 Allgemeine Erklärung der Menschenrechte (1948) Artikel 1.
58 Sachverständigenrat zur Begutachtung der gesamtwirtschaftlichen Entwicklung.
59 Ina Praetorius 2015.
60 Jochen Stöckmann 2022.
61 SRF Tagesschau vom 17. Oktober 2019 https://bit.ly/3qdBtKY (18.03.2022).
62 Ombudsstelle der Radio- und Fernsehgesellschaft der deutschen und der rätoromanischen Schweiz (SRG) 2019.
63 Vgl. *Oikonomia*: Die Lehre vom guten Haushalten, in diesem Band S. 80.
64 David Graeber 2018.
65 SRF Börse Sendungsporträt https://bit.ly/3Iq6X6C (18.03.2022).
66 Vgl. Mascha Madörin 2019.
67 Norbert Bischofberger 2019.
68 David Graeber 2018.
69 Barbara Katz Rothman 2012.
70 https://www.weforum.org (09.04.2022).
71 Günter Ashauer 1973.
72 Peter Ulrich 1998, 11.

73 Ina Praetorius 1992.
74 William Baumol 2012.
75 Vgl. Das kostensparende Geschlecht, in diesem Band S. 64.
76 Vgl. Ina Praetorius 2019.
77 Adam Smith 1978 (1789) 9ff.
78 Bertelsmann Stiftung 2020.
79 Mascha Madörin 2017.
80 Anna Saave-Harnack 2019.
81 Susan Roll 1995.
82 Ina Praetorius 2021.
83 Familien und Familienpolitik 1995.
84 Ina Praetorius 1992, vgl. auch: Jeder Mensch ist erstmal ein Baby, in diesem Band S. 82.
85 Anna Saave 2022.
86 David Graeber 2018. Vgl. auch *Bullshit*-Jobs, in diesem Band S. 24.
87 Vgl. Gisela Erler u.a. 1987; zur kritischen Auseinandersetzung vgl. Mamalogie 1988.
88 https://www.futuregenerations.wales (18.03.2022).
89 Monika Schnitzer 2021.
90 Vgl. Kostenkrankheit ist Menschengesundheit, in diesem Band S. 84.
91 Margareta Kreimer und Ines Heck 2021, 85.
92 Ina Praetorius 2017.
93 https://wellbeingeconomy.org/wego (18.03.2022).
94 https://weall.org (18.03.2022).
95 Adelheid Biesecker u.a. 2019.
96 Nicole Mayer-Ahuja und Oliver Nachtwey Hgg 2021.
97 Marcel Helbig, Stefanie Jähnen 2018.
98 Vgl. z.B. Barbara Zibell 2022.
99 VAMV 2017.
100 Vgl. Scheinlösung Minijobs, in diesem Band S. 66.
101 Vgl. Katrine Marçal 2015.
102 Vgl. Christel Neusüß 1985.
103 Sebastian Thieme 2012.
104 Mariana Mazzucato 2021.
105 Stephanie Kelton 2020.
106 Ebd.
107 Rhonda Sharp, Rey Broomhill 2002.
108 Elisabeth Klatzer und Azzurra Rinaldi 2020.
109 Edeltraut Rattenhuber 2019.
110 Jan Hildebrand, Moritz Koch 2021.
111 Orla Doyle u.a. 2009.
112 Christine Brink 2013.
113 Silke van Dyk, Tine Haubner 2021. Die Seitenzahlen im Text beziehen sich auf dieses Buch.
114 Vgl. dazu Antje Schrupp u.a. 2005.

115 Vgl. Globale Sorgeketten, in diesem Band S. 36.
116 DGB fordert Lohnzuschüsse, 2020.
117 Uta Meier-Gräwe in: „Geschäfte mit der Hausarbeit", Minute 9.
118 Artikel *Care* in: Ursula Knecht u.a. 2012.
119 Caroline Krüger 2020.
120 Björn Süfke 2022.
121 Vgl. Ina Praetorius 2020a.
122 Vgl. Björn Süfke (Webseite).
123 Ina Praetorius 2020.
124 Hannah Arendt 1985 (1958).
125 Ebd.

Bibliografie

ABAKABA. Faire Saläre mit System, https://www.abakaba.ch/de/ (12.06.2022)

Allgemeine Erklärung der Menschenrechte (1948), https://bit.ly/3IkyxSH (18.03.2022)

Arendt, Hannah, Vita activa oder Vom tätigen Leben, München (Piper) 1985 (orig. 1958)

Ashauer, Günter, Grundwissen Wirtschaft, Stuttgart (Klett) 1973

Aulenbacher, Brigitte, Helma Lutz, Karin Schwiter Hgg, Gute Sorge ohne gute Arbeit? *Live-in-Care* in Deutschland, Österreich und der Schweiz, Weinheim/Basel (Beltz) 2021

Banerjee, Abhijit, „Überleben hängt auch davon ab, sich ab und zu vergnügen zu können", Interview, in: Neue Zürcher Zeitung vom 23. September 2017, https://bit.ly/3mn0qlf (21.12.2021)

Bartmann, Christoph, Die Rückkehr der Diener. Das neue Bürgertum und sein Personal, München (Hanser) 2016

Baumol, William, The Cost Disease. Why Computers Get Cheaper und Health Care Doesn't, New Haven (Yale University Press) 2012

Bertelsmann Stiftung Hg., Lohneinkommensentwicklung 2025. Wirkung der Produktivität auf die Lohnentwicklung, 8. Dezember 2020, https://bit.ly/3KUfmAX (18.03.2022)

Biesecker, Adelheid, Christa Wichterich, Uta von Winterfeld, Sorgearbeit im Zentrum der Wirtschaft. Das Ganze der Ökonomie, Konzeptwerk Neue Ökonomie 15. November 2019, https://bit.ly/37wDM56 (18.03.2022)

Bischofberger, Norbert, Eine neue Ökonomie. Radiosendung „Perspektiven" vom 24. März 2019, https://bit.ly/3xKBw57 (12.06.2022)

Bonora, Caterina u.a. Hg., Sozialwissenschaftliche Perspektiven auf die Corona-Pandemie, Universität Bremen (IPW Working Paper), 2022

Brink, Christine, Frühförderung: „Auf die Familie kommt es an." In: ZEIT online vom 20. Juni 2013, https://bit.ly/3wjQ6QK (09.04.2022)

Bührlen, Brigitte, Wir! Manifest für eine menschliche Pflege, Detmold (Jacobs Verlag) 2022, https://bit.ly/3mXY9gh (12.06.2022)

Cammarata, Patricia, Raus aus der Mental Load Falle, Weinheim/Basel (Beltz) 2020

DGB fordert Lohnzuschüsse für haushaltsnahe Dienste, in: evangelisch.de vom 4. Dezember 2020, https://bit.ly/3EgykQb (11.04.2022).

Doyle, Orla et al, Investing in Early Human Development. Timing and Economic Efficiency, in: Economics and Human Biology, 7/1, 1-6

Dyk, Silke van, Tine Haubner, Community-Kapitalismus, Hamburg (Hamburger Edition) 2021

Emanzipation in der häuslichen Pflege, Interview mit Katharina Gröning, 2021, https://bit.ly/3xocKWX (10.06.2022)

Emunds, Bernhard u.a. Hgg, Freiheit – Gleichheit – Selbstausbeutung. Zur Zukunft der Sorgearbeit in der Dienstleistungsgesellschaft, Marburg (Metropolis) 2021

Erler, Gisela u.a., Das Müttermanifest, Bonn 1987, https://bit.ly/3LYtGJ5 (11.04. 2022)

Familien und Familienpolitik im geeinten Deutschland – Zukunft des Humanvermögens. Fünfter Familienbericht, Bonn (BMFSFJ) 1995, https://bit.ly/3ihz9xV (18.03.2022)

Fehle, Hans Jörg, Andrea Langenbacher Hgg., Dass die Welt wohnlich für alle wird. Klartexte, Anfragen, Perspektiven. Ina Praetorius zum 65. Geburtstag, Ostfildern (Matthias Grünewald Verlag) 2021

Galbraith, John Kenneth, Wirtschaft für Staat und Gesellschaft, München (Droemer Knaur) 1974

Geschäfte mit der Hausarbeit, „Scobel", arte-Sendung vom 26. April 2018, https://bit.ly/3M4fJt9 (11.04.2022)

Graeber, David, *Bullshit*-Jobs. Vom wahren Sinn der Arbeit, Stuttgart (Klett-Cotta) 2018

Groening, Katharina, Familien- und Geschlechtergerechtigkeit in der Pflegeversicherung. Ein Plädoyer für die Schließung von Leerstellen, Frankfurt a.M. (Mabuse Verlag) 2021

Helbig, Marcel, Stefanie Jähnen, Wie brüchig ist die soziale Architektur unserer Städte? Trends und Analysen zur Segregation in 74 deutschen Städten, WZB Discussion Paper 2018-001, Berlin, Mai 2018, https://bit.ly/3InLICH (18.03.2022)

Hildebrand, Jan, Moritz Koch, IWF fordert mehr staatliche Investitionen: „Deutschland kann mehr tun – und sollte mehr tun", in: Handelsblatt online vom 14. April 2021, https://bit.ly/3MZqHBJ (18.03.2022)

Katz Rothman, Barbara, Schöne neue Welt der Fortpflanzung. Texte zu Schwangerschaft, Geburt und Fortpflanzungstechnik, Frankfurt (Mabuse Verlag) 2012

Kelton, Stephanie, The Deficit Myth. Modern Monetary Theory and How to Build a Better Economy, London (John Murray Publishers) 2020

Keynes, John Maynard, Economic Possibilities for Our Grandchildren, in: Essays in Persuasion, New York (WW. Norton & Co) 1963, 358–373, https://bit.ly/3u5t79l (17.03.2022)

Klatzer, Elisabeth, Azzurra Rinaldi, #nextGenerationEU Leaves Women Behind. Gender Impact Assessment of the European Commission Proposals for the EU Recovery Plan, Study commissioned by The Greens/EFA Group, June 2020, https://bit.ly/3JkELUd (17.03.2022)

Knecht, Ursula u.a., ABC des guten Lebens, Rüsselsheim (Christel Göttert Verlag) 2012

Kobler, Seraina, Sie ist doch ein Schatz, in: Neue Zürcher Zeitung vom 19. Februar 2015, https://bit.ly/3N1Y0nQ (18.03.2022)

Kreimer, Margareta, Ines Heck, Doch nicht so krank? Eine feministisch-ökonomische Perspektive auf die Kostenkrankheit der sozialen Dienstleistungen, in: Emunds u.a. Hgg a.a.O., 71–90

Krüger, Caroline, *Care* – ein Kriterium nicht nur in der Krise, in: beziehungsweise-weiterdenken vom 26. Juni 2020, https://bit.ly/36s6Fif (18.03.2022)

Latour, Bruno, Wo bin ich? Lektionen aus dem Lockdown, Frankfurt a.M. (edition suhrkamp) 2021

Lawlor, Eilis, Helen Kersley, Susan Steed, A Bit Rich. Calculating the real value to society of different professions, New Economics Foundation Publications 2009, https://bit.ly/3aTZ7r3 (12.06.2022)

Libreria delle donne di Milano, Das Patriarchat ist zu Ende. Es ist passiert, nicht aus Zufall, Rüsselsheim (Christel Göttert Verlag) 1996

Madörin, Mascha, Die große Ungerechtigkeitsmaschine, in: Wirtschaftspolitik – auf wessen Kosten? Feministische Perspektiven zu Ökonomie, aep Informationen 3/2017, https://bit.ly/34RuLCH (18.03.2022)

Madörin, Mascha, Wie die Frauen um 100 Milliarden betrogen werden, in: Die Wochenzeitung 22/2019 vom 30. Mai 2019, https://www.woz.ch/-9bf6 (11.04.2022)

Mamalogie, Beiträge zur feministischen Theorie und Praxis, Heft 21/22, Köln (Eigenverlag) 1988

Marçal, Katrine, Who Cooked Adam Smith's Dinner? A Story about Women and Economics, London (Granta Publications) 2015

Mayer-Ahuja, Nicole und Oliver Nachtwey Hgg, Verkannte Leistungsträger:innen. Berichte aus der Klassengesellschaft, Frankfurt (Suhrkamp) 2021

Mazzucato, Mariana, Mission. Auf dem Weg zu einer neuen Wirtschaft, Frankfurt/New York (Campus) 2021

Meier-Gräwe, Uta Hg., Die Arbeit des Alltags. Gesellschaftliche Organisation und Umverteilung, Wiesbaden (Springer) 2015

Meier-Gräwe, Uta, Wege in eine *Care*-zentrierte Ökonomie, in: Aus Politik und Zeitgeschichte. Zeitschrift der Bundeszentrale für politische Bildung. Beilage zur Wochenzeitung Das Parlament, 45, 2. November 2020

Meier-Gräwe, Uta, Take Care! Warum wir die Care- und Klimakrise zusammen denken müssen und was daraus für den überfälligen Umbau der Wirtschaft folgt. OXI. Wirtschaft anders denken, Blogbeitrag, April 2022

Neusüß, Christel, Die Kopfgeburten der Arbeiterbewegung oder Die Genossin Luxemburg bringt alles durcheinander, Hamburg (Rasch & Röhrig) 1985

Nolte, Barbara, Intensivpfleger Ricardo Lange trifft Wolfgang Kubicki. „Soll ich Flaschen sammeln?" – „Auf dieser Ebene diskutiere ich nicht mit Ihnen." In: Der Tagesspiegel vom 3. Juli 2021, https://bit.ly/3tifAMm (18.03.2022)

Ombudsstelle der SRG Deutschschweiz, Urteil vom 24. November 2019, https://bit.ly/37AMG1r (18.03.2022).

Oxfam Deutschland, 8 Männer besitzen so viel wie die ärmere Hälfte der Weltbevölkerung, Nachricht vom 16. Januar 2017, https://bit.ly/3IkzkTU (18.03.2022)

Oxfam Studie zu sozialer Ungleichheit: 12 Milliarden Stunden Arbeit – ohne bezahlt zu werden (20. Januar 2020), https://bit.ly/3MVMg61 (18.03.2022)

Polanyi, Karl, The Great Transformation. Politische und ökonomische Ursprünge von Gesellschaften und Wirtschaftssystemen (orig. 1944), Frankfurt (Suhrkamp) 14. Aufl. 2019

Praetorius, Ina, Anthropologie und Frauenbild in der deutschsprachigen protestantischen Ethik seit 1949, Gütersloh (Gütersloher Verlagshaus) 1992

Praetorius, Ina, Wirtschaft ist *Care* oder die Wiederentdeckung des Selbstverständlichen, Berlin (Heinrich Böll Stiftung) 2015

Praetorius, Ina, Herr Barmettler von der Hanselzeitung hat mir geschrieben. Ich habe ihm geantwortet, in: DurchEinAnderBlog vom 24. Oktober 2019, https://bit.ly/3msqI5E (18.03.2022)

Praetorius, Ina, Was Ökonom*innen so sagen, wenn sie gefragt werden, in: Durch EinAnderBlog vom 24. Oktober 2020 (2020a), https://bit.ly/3KIsWYB (14.04.2022)

Praetorius, Ina, Im postpatriarchalen Durcheinander. Unterwegs mit Xanthippe, Rüsselsheim (Christel Göttert Verlag) 2020 (2020b)

Praetorius, Ina, Geburtlichkeit als neues anthropologisches Paradigma, in: Hans Jörg Fehle, Andrea Langenbacher Hgg a.a.O., 58–66

Puehringer, Stephan, Karl Beyer, Who are the Economists Germany Listens to? The Social Structure of Influential German Economists, Linz 2020, https://bit.ly/3JlUMt0 (21.12.2021)

Raffelhüschen, Bernd, „Wir haben unverhältnismäßig gehandelt." In: Preußische Allgemeine Zeitung vom 16. Juli 2020, https://bit.ly/3xKFKty (12.06.2022)

Rattenhuber, Edeltraut, Geld, Geschlecht und Gleichstellung, in: Süddeutsche Zeitung vom 8. April 2019, https://bit.ly/3aQQD3G (12.06.2022)

Raworth, Kate, Die Donut-Ökonomie. Endlich ein Wirtschaftsmodell, das den Planeten nicht zerstört, München (Hanser) 2018

Roll, Susan K., Towards the Origins of Christmas, Kampen (Kok Pharos Publishing House) 1995

Saave-Harnack, Anna, Die *Care*-Abgabe: Ein Instrument vorsorgenden Wirtschaftens? In: Petersen, David J. u.a. Hgg, Perspektiven einer pluralen Ökonomik, Berlin (Springer) 2019, 367–393

Saave, Anna, Einverleiben und Externalisieren. Zur Innen-Außen-Beziehung der kapitalistischen Produktionsweise, Bielefeld (transcript) 2022

Sachverständigenrat zur Begutachtung der gesamtwirtschaftlichen Entwicklung, Aufgaben, https://bit.ly/3xK8YbC (12.06.2022)

Sarr, Felwine, Afrotopia, Berlin (Matthes & Seitz) 2016

Schnitzer, Monika, Rede zur Verleihung des Roman Herzog-Wissenschaftspreises am 30. Juni 2021, https://bit.ly/3IcXIGU (21.12.2021)

Schrupp, Antje u.a., Sinnvolles Zusammenleben im ausgehenden Patriarchat. Argumente für ein leistungsunabhängiges Grundeinkommen und weitere Gedanken zum Thema Geld, Arbeit und Sinn, in: Ina Praetorius Hg., Sich in Beziehung setzen. Zur Weltsicht der Freiheit in Bezogenheit, Königstein/Ts (Ulrike Helmer Verlag) 2005, 99–106, online: https://bit.ly/3uDcy6b (11.04.2022)

Schrupp, Antje, Tarantinos Männlichkeit, in: „Aus Liebe zur Freiheit" vom 9. Februar 2016, https://bit.ly/3ajFhoO (24.05.2022)

Schrupp, Antje, Reproduktive Freiheit. Eine feministische Ethik der Fortpflanzung, Münster (unrast Verlag) 2022

Scobel, Geschäfte mit der Hausarbeit, arte-Sendung vom 26. April 2018, https://bit.ly/3JqfzeL (18.03.2022)

Schutzbach, Franziska, Die Erschöpfung der Frauen, München (Droemer) 2021

Schwarz, Norbert, Florian Schwahn, Entwicklung der unbezahlten Arbeit privater Haushalte, Statistisches Bundesamt Hg. 2016, https://bit.ly/3wmuTFw (17.03.2022)

Sharp, Rhonda, Rey Broomhill, Budgeting for Equality: The Australian Experience, in: Feminist Economics, 8 (1), 2002

Smith, Adam, Der Wohlstand der Nationen, München (dtv) 1978 (orig. 1789)

Stöckmann, Jochen, 125. Geburtstag der Architektin Margarete Schütte-Lihotzky – mehr als die Erfinderin der Einbauküche, Deutschlandfunk vom 23. Januar 2022, https://bit.ly/3u7O5nY (18.03.2022)

Süfke, Björn, Warum mentale Gesundheit bei Männern immer noch tabu ist, Stuggi TV Gespräch vom 3. Januar 2022, https://bit.ly/37LhZXo (12.04.2022)

Süfke, Björn, Männertherapeut & Autor (Persönliche Webseite), https://bit.ly/3xuxDkS (12.04.2022)

Thieme, Sebastian, Das Subsistenzrecht. Begriff, ökonomische Traditionen und Konsequenzen, Marburg (Hochschulschriften Metropolis Verlag) 2012

Ulrich, Peter, Integrative Wirtschaftsethik. Grundlagen einer lebensdienlichen Ökonomie, 2. durchgesehene Auflage, Bern/Stuttgart/Wien (Haupt) 1998

VAMV (Verband alleinerziehender Mütter und Väter), Endbericht für die Evaluation des Modellprojekts für die Wirksamkeit von ergänzender Kinderbetreuung, Notfallbetreuung und Beratung von Einelternfamilien in Deutschland, 2017, https://bit.ly/373RBbB (11.04.2022)

Voswinkel, Stephan, Die Anerkennungsfalle. Soziale Dienstleistungsarbeit zwischen moralischer Anerkennung und Statusdefizit. Das Beispiel der Pflege, in: Emunds u.a. Hgg a.a.O., 123–146

Wallace, Rob, Was COVID-19 mit der ökologischen Krise, dem Raubbau an der Natur und dem Agrobusiness zu tun hat, Köln (Papyrossa Verlag) 2021

Wikipedia Artikel „Wirtschaft“, https://de.wikipedia.org/wiki/Wirtschaft (11.04. 2022)

„Wir haben es mit dem Kapitalismus übertrieben.“ Spiegel-Gespräch vom 27. Oktober 2020 zwischen Luisa Neubauer und Wolfgang Schäuble, https://bit.ly/3qd2s9n (16.03.2022)

Wirtschaftspolitik nach Corona: SPD will gemeinwohlorientierte Unternehmen fördern, in: Berliner Zeitung online vom 10. Mai 2020, https://bit.ly/3KMvEf8 (17.03.2022)

Wirtschaftswachstum in Eurozone deutlich stärker als angenommen, in: ZEIT online vom 8. Juni 2022, https://bit.ly/3mFu6cR (12.06.2022)

Wohlstand für alle, Podcast, Episode 104 vom 4. August 2021, https://bit.ly/34QPKpc (18.03.2022)

Zibell, Barbara, *Care*-Arbeit räumlich denken. Feministische Perspektiven auf Planung und Entwicklung, Wettingen (efef) 2022

Quellen-Nachweise

Die meisten der in diesem Buch publizierten Kolumnen wurden bereits an anderen Orten publiziert, fast immer unter anderen Titeln. Nur wenige wurden noch an keinem anderen Ort veröffentlicht. Alle haben wir für den neuen Kontext mehr oder weniger weitgehend überarbeitet. Hier sind die Orte der Erstveröffentlichungen:

Care-Krise und Klimakrise – zwei Seiten einer Medaille (UMG)
Hauswirtschaft und Wissenschaft online 2626-0913. DOI 10.23782/HUW_11_2020.

Inkompetenz mit Folgen (IP)
Handelsblatt vom 21.01.2021

Ein seltsamer Deal: Erwerbsunterbrechung als Humankapitalverlust (UMG)
Handelsblatt vom 24.08.2021

Aufstieg und Niedergang der Haushaltswissenschaften in der Bundesrepublik Deutschland (UMG)
OXI. Wirtschaft anders denken, Blogbeitrag, Dezember 2021

Bullshit-Jobs (UMG)
Handelsblatt vom 08.03.2022

Klempnerei oder Leitwissenschaft (IP)
Handelsblatt vom 28.12.2020

Industrie und Technik sind nicht die Mitte der Ökonomie (UMG)
Handelsblatt vom 06.01.2021

In der Anerkennungsfalle (IP)
Handelsblatt vom 11.08.2021

Schlecht bezahlte Berufe sind nicht „attraktiv" (UMG)
Handelsblatt vom 24.11.2021

Mental Load: die Last im Kopf (UMG)
Handelsblatt vom 02.08.2022

Globale Sorgeketten (IP)
Handelsblatt vom 29.06.2021

Pflege in der Familie (UMG)
Handelsblatt vom 02.08.2022

Eine Welt voller überflüssiger Produkte (UMG)
Handelsblatt vom 07.12.2020

Es braucht keine entfesselte Wirtschaft (UMG)
Handelsblatt vom 23.09.2021

Mit Politikern sprechen (UMG)
Handelsblatt vom 29.07.2021

Auch das kommt vor: Ein Politiker gibt Antwort (UMG)
Unveröffentlicht

Forschungsbedarf (IP)
Auszug aus einem längeren Text in DurchEinAnderBlog vom 19.02.2016

Care-Arbeit in der digitalen Plattform-Ökonomie (UMG)
Handelsblatt vom 03.05.2022

Özlem Türeci und Uğur Şahin oder: Care-Arbeit ermöglicht Karrieren (UMG)
Handelsblatt vom 31.01.2021

Leihmutterschaft im globalen Kapitalismus (UMG)
Handelsblatt vom 02.08.202

Klimaschutz und Gesundheitspersonal (IP)
DurchEinAnderBlog vom 23.08.2021

Was ein richtiges Mannsbild ist, hat von Care keine Ahnung (IP)
DurchEinAnderBlog vom 07.12.2020

Die Frankfurter Küche (UMG)
unveröffentlicht

Das kostensparende Geschlecht (IP)
Handelsblatt vom 11.11.2020

Scheinlösung Minijobs (UMG)
Handelsblatt vom 26.02.2021

Ein gesprächiger Professor (IP)
Handelsblatt vom 08.10.2020

Schöne gute Festtagsarbeit (IP)
DurchEinAnderBlog vom 15.12.2020

Gutenachtgeschichten in den „großen" Medien (IP)
„Frauenweisheiten" der „Großmütterrevolution" 12.07.2021 und DurchEinAnderBlog vom 31.07.2021

Glück, Arbeit und Geld (IP)
DurchEinAnderBlog vom 20.11.2019

Hebammenkunst Philosophie (IP)
DurchEinAnderBlog vom 23.04.2013

Oikonomia: die Lehre vom guten Haushalten (IP)
Handelsblatt vom 11.09.2020

Jeder Mensch ist erstmal ein Baby (IP)
Handelsblatt vom 15.04.2021

Kostenkrankheit ist Menschengesundheit (IP)
DurchEinAnderBlog vom 04.01.2017 und beziehungsweise-weiterdenken vom 16.01.2017

Wer ist produktiv? (IP)
DurchEinAnderBlog vom 23.12.2021

Systemrelevante Berufe sind produktiv (UMG)
Handelsblatt vom 04.05.2021

Ein Fest der Geburtlichkeit (IP)
Januar 2022, unveröffentlicht

***Care*-Freitag und Ostern (IP)**
DurchEinAnderBlog vom 19.04.2014

Ein neues Wort: Mehrfacherfüllung (IP)
DurchEinAnderBlog vom 12.05.2013

Ein neues altes Wort: Daseinskompetenz (IP)
Erste Version publiziert im „ABC des guten Lebens", Rüsselsheim (Christel Göttert Verlag) 2012

Bubblecrossing: Kochrezepte und Milliardengewinne (IP)
DurchEinAnderBlog vom 10.02.2022

35 Jahre Müttermanifest und was aus berechtigten Forderungen noch werden könnte (UMG)
Unveröffentlicht

Hände und mehr (IP)
DurchEinAnderBlog vom 23.02.2022

Skizze einer postpatriarchalen Polit-Architektur (IP)
DurchEinAnderBlog vom 6. Januar 2022

Ein zukunftsfähiges Staatenbündnis (IP)
DurchEinAnderBlog vom 10.07.2021

Es braucht Debattenräume (IP)
Unveröffentlicht

Ein Buch für meine Enkelin (IP)
Handelsblatt vom 21.05.2021

Gipfeltreffen für tragfähige Gesamtkonzepte (UMG)
Handelsblatt vom 28.03.2021

Postpatriarchale Raumplanung (UMG)
Handelsblatt vom 19.10.2021

Ein Projekt für alleinerziehende Mütter: geringer Aufwand, große Wirkung (UMG)
Unveröffentlicht

Der Fachkräftemangel und das Potenzial der Frauen (UMG)
Handelsblatt vom 07.06.2021

Daseinsvorsorge im bedrohten Lebensraum Erde (IP)
Handelsblatt vom 19.02.2021

Mehr Frauen ins Wirtschaftsministerium (UMG)
Handelsblatt vom 08.02.2022

Gender Budgeting – wirksam nur mit politischem Willen (UMG)
Handelsblatt vom 07.06.2022

Bildungs- und Sozialausgaben sind rentable Investitionen (UMG)
Handelsblatt vom 09.07.2021

Ehrenamt: mit Vorsicht zu genießen (IP)
DurchEinAnderBlog vom 15.12.2021

Es braucht reguläre und krisenfeste Erwerbsarbeitsplätze (UMG)
Blog der Friedrich-Ebert-Stiftung vom 2. Juli 2020

Care: ein Kriterium für alles, was wir tun (IP)
DurchEinAnderBlog vom 06.04.2021

Streiken nützt! (UMG)
Handelsblatt vom 14.12.2021

Eine lebensfreundliche gemeinsame Zukunft (IP)
Unveröffenticht

Das Private politisieren (IP)
DurcheinAnderBlog vom 15.01.2018

Handlungsfähig bleiben im postpatriarchalen Durcheinander (IP)
DurchEinAnderBlog vom 15.01.2018

Für Macher*innen

Hans Jörg Fehle /
Andrea Langenbacher (Hg.)
Dass die Welt wohnlich für alle wird
Klartexte, Anfragen, Perspektiven
Ina Praetorius zum 65. Geburtstag

268 Seiten, 14 x 22 cm
Hardcover
ISBN 978-3-7867-3255-6

Dass die Welt wohnlich für alle wird, ist seit je her das zentrale Anliegen von Ina Praetorius. In Publikationen, als Referentin und diskussionsfreudige Gesprächspartnerin verschreibt sie sich diesem Ziel, egal ob es um die allen Menschen gemeinsame Tatsache des Geborenseins, um post-patriarchale Freiheit oder um Wirtschaft als Care geht. Texte von Ina Praetorius sowie von Wegbegleiter*innen fächern die Breite ihrer Ansätze und ihres Engagements auf und zeigen, dass diese Themen angesichts der gegenwärtigen Krisen aktueller sind denn je.
Mit Beiträgen von Ina Praetorius, Dominic Blättler, Pia Fehle, Julia Fritzsche, Veronika Henschel, Caroline Krüger, Luiza Lipko-Sarkysian, Adriana Maestro, Uta Meier-Gräwe, Michaela Moser, Anne-Claire Mulder, Verena Nägeli, Sr. M. Josée Ngalula, Muna Ali Nuur, Antje Schrupp, Thomas Staubli, Sibylle Stillhart, Rainer Stöckli, Doris Strahm, Heidrun Suter, Feline Tecklenburg.

GRÜNEWALD www.gruenewaldverlag.de